“十四五”职业教育国家规划教材

“十二五”职业教育国家规划教材
经全国职业教育教材审定委员会审定 修订版

自动变速器维护与维修

第 3 版

主　编　赵计平　张晋源

副主编　李　雷　刘大均

参　编　罗永前　王国明　杨　洋
　　　　马亚亚　刘康勇

U0361219

机械工业出版社

本书第 2 版曾被评为首届全国教材建设奖全国优秀教材二等奖,本书是"十四五"职业教育国家规划教材。

本书以汽车驱动系统新技术发展为编写主线索,按照汽车维修岗位能力标准,依照教育部专业教学标准、对接"1+X"《汽车运用与维修(含新能源汽车)职业技术等级证书》中"汽车动力与驱动系统综合分析技术(初、中、高)"职业能力组织教学内容。全书分为电控液力自动变速器维护与维修、无级变速器维护与维修、双离合变速器维护与维修三个单元,遵循汽车维修企业新工艺、新规范要求,在第 2 版教材的基础上,简化维修工艺,强化故障诊断流程学习,以工作任务为主线,按照人的认知规律,设计学生的教学活动,将知识与技能教学有机融合,使学生在"动中学、学中练、练中用",满足学习者的学习需求。

本书可作为高等职业院校、高等专科院校、成人高校、民办高校及本科院校汽车检测与维修技术专业及相关专业的教学用书,也可作为社会从业人士的业务参考书及培训用书。

为了便于读者自主学习、提高学习效率,本书配备了二维码视频资源,可通过手机扫码观看。

本书还配有电子课件、试卷及答案等,**凡使用本书作为教材的教师可**登录机械工业出版社教育服务网(www.cmpedu.com)注册后免费下载。咨询电话:010-88379375。

图书在版编目(CIP)数据

自动变速器维护与维修/赵计平,张晋源主编. —3 版. —北京:机械工业出版社,2021.3(2025.1 重印)

"十二五"职业教育国家规划教材:修订版

ISBN 978-7-111-68026-0

Ⅰ.①自… Ⅱ.①赵… ②张… Ⅲ.①汽车-自动变速装置-车辆修理-高等职业教育-教材 Ⅳ.①U472.41

中国版本图书馆 CIP 数据核字(2021)第 068455 号

机械工业出版社(北京市百万庄大街 22 号 邮政编码 100037)
策划编辑:葛晓慧 责任编辑:葛晓慧
责任校对:陈 越 封面设计:严娅萍
责任印制:刘 媛
涿州市殷润文化传播有限公司印刷
2025 年 1 月第 3 版第 5 次印刷
184mm×260mm · 13.25 印张 · 308 千字
标准书号:ISBN 978-7-111-68026-0
定价:45.00 元

电话服务
客服电话:010-88361066
　　　　　010-88379833
　　　　　010-68326294
封底无防伪标均为盗版

网络服务
机 工 官 网:www.cmpbook.com
机 工 官 博:weibo.com/cmp1952
金 书 网:www.golden-book.com
机工教育服务网:www.cmpedu.com

关于"十四五"职业教育
国家规划教材的出版说明

为贯彻落实《中共中央关于认真学习宣传贯彻党的二十大精神的决定》《习近平新时代中国特色社会主义思想进课程教材指南》《职业院校教材管理办法》等文件精神，机械工业出版社与教材编写团队一道，认真执行思政内容进教材、进课堂、进头脑要求，尊重教育规律，遵循学科特点，对教材内容进行了更新，着力落实以下要求：

1.提升教材铸魂育人功能，培育、践行社会主义核心价值观，教育引导学生树立共产主义远大理想和中国特色社会主义共同理想，坚定"四个自信"，厚植爱国主义情怀，把爱国情、强国志、报国行自觉融入建设社会主义现代化强国、实现中华民族伟大复兴的奋斗之中。同时，弘扬中华优秀传统文化，深入开展宪法法治教育。

2.注重科学思维方法训练和科学伦理教育，培养学生探索未知、追求真理、勇攀科学高峰的责任感和使命感；强化学生工程伦理教育，培养学生精益求精的大国工匠精神，激发学生科技报国的家国情怀和使命担当。加快构建中国特色哲学社会科学学科体系、学术体系、话语体系。帮助学生了解相关专业和行业领域的国家战略、法律法规和相关政策，引导学生深入社会实践、关注现实问题，培育学生经世济民、诚信服务、德法兼修的职业素养。

3.教育引导学生深刻理解并自觉实践各行业的职业精神、职业规范，增强职业责任感，培养遵纪守法、爱岗敬业、无私奉献、诚实守信、公道办事、开拓创新的职业品格和行为习惯。

在此基础上，及时更新教材知识内容，体现产业发展的新技术、新工艺、新规范、新标准。加强教材数字化建设，丰富配套资源，形成可听、可视、可练、可互动的融媒体教材。

教材建设需要各方的共同努力，也欢迎相关教材使用院校的师生及时反馈意见和建议，我们将认真组织力量进行研究，在后续重印及再版时吸纳改进，不断推动高质量教材出版。

机械工业出版社

前 言
FOREWORD

现代化汽车产业是最典型的实体经济，也是制造强国、质量强国、交通强国、网络强国的重要组成部分。目前，我国汽车变速器市场正处于稳步发展的时期，前瞻预测，到 2027 年，我国汽车变速器市场规模将突破 3000 亿元，市场规模年复合增长率在 6% 左右的水平稳定增长。特别是自动变速器技术朝着绿色环保、操纵轻便化方向发展，也促使了纯电动汽车和混合动力汽车变速器需求量的增长。为此，培养汽车变速器制造与维修行业高素质技术技能人才是职业教育义不容辞的责任。

本书是根据《汽车维修技术人员培训能力标准》中的核心能力标准《QTPBW041 检查和维护自动变速器》、《QTPBW076 维修自动变速器》，依照教育部《高等职业学校汽车检测与维修技术专业教学标准》、对接职业技能等级证书《汽车运用与维修（含智能新能源汽车）职业技能标准》中模块 1-1【汽车动力与驱动系统综合分析技术-等级证书模块】（初、中、高级）职业能力进行编写，从而实现课、证、岗融合。本书借鉴了国际职业教育的先进教学理念，突出了"以行业需求为导向、以能力为本位、以学生为中心"的原则，具有以下特点：

1）依据典型岗位职业能力要求确定教学目标和教学鉴定内容。对接自动变速器融入智能技术发展，对接行业发展趋势和市场需求以及职业技能等级证书内容，精心选取专业的核心知识点和技能点，及时将产业发展的新技术、新工艺、新规范纳入教材内容，新增汽车客户委托自动变速器维修典型案例，设置自动变速器维护和维修岗位学习情境。遵循汽车维修企业新工艺、新规范要求，在第 2 版教材的基础上，简化汽车自动变速器维修工艺，强化汽车自动变速器故障诊断流程的学习。

2）明确学习单元和学习任务的素养目标。强化学生职业素养养成和专业技术积累，培养学习者的社会主义核心价值观和职业道德。

3）教材中贯穿"动中学、学中练、练中用"的教学活动。学生可通过动中学活动将知识与技能进行有机的交融；通过系列的学习活动学会汽车自动变速器维护与维修工作流程和规范；通过小组活动培养学生与人交流、团队合作等关键通识能力；通过案例分析、任务驱动等学习活动培养分析、解决问题的能力等，使学生主动参与到学习过程中。

4）为贯彻党的二十大精神，推进教育数字化，书中配备视频、动画等信息化资源，有效解决学生弹性学习的空间和时间问题，帮助学生建立学习自信、迅速上手。本书修订后每个任务都编制了工作页，引导学生熟悉行业新技术、新工艺、新规范，帮助学生提升职业技能。

5）书中体例编排合理、梯度明确，文字准确流畅、图文并茂、形式新颖；开发了教学评估工具，利于教师和学生及时评估教学质量，分析教学存在的问题，调整教学计划和教学方法，满足学习者学习需求。

　　本书以汽车驱动系统新技术发展为编写主线，将电控液力自动变速器、无级变速器、双离合变速器的维护和维修独立成章分为三个单元编排。每个单元的学习内容依照学生的认知规律，按照结构原理、总成维修、故障诊断分块排序，由易到难进行编写。单元一是电控液力自动变速器维护和维修，主要帮助学习者认识电控液力自动变速器的知识，培养其具备识别各工作部件、实施故障诊断和维修电控液力自动变速器的能力。单元二是无级变速器维护和维修，主要帮助学习者认识无级变速器的知识，培养其具备识别各工作部件、实施故障诊断和维修无级变速器的能力。单元三是双离合变速器维护和维修，主要帮助学习者认识双离合变速器的知识，培养其具备识别各工作部件、实施故障诊断和维修双离合变速器的能力。

　　本书可作为高等职业院校、高等专科院校、成人高校、民办高校及本科院校汽车检测与维修技术专业及相关专业的教学用书，也可作为社会从业人士的业务参考书及培训用书。

　　本书的建议学时为 88 学时，其中单元一 48 学时，单元二 20 学时，单元三 20 学时。

　　本书由重庆工业职业技术学院赵计平、张晋源担任主编，由重庆工业职业技术学院李雷、重庆安福汽车营销有限公司刘大均担任副主编。书中单元一任务一的活动三由重庆电讯职业学院马亚亚编写，单元一任务二的活动三、活动四由重庆电子工程职业学院罗永前编写，单元一的其余内容由赵计平编写；单元二任务二的活动二由重庆工业职业技术学院杨洋编写，单元二的其余内容由张晋源编写；单元三任务一的活动一、活动二由重庆工业职业技术学院李雷编写，任务一的活动三由重庆工业职业技术学院王国明编写，任务二的活动一由重庆尊爵汽车服务有限责任公司刘康勇编写，单元三的其余内容由张晋源编写。全书由重庆安福汽车营销有限公司刘大均做技术指导。

　　本书在编写过程中参考了大量国内外有关书籍、借鉴了行业汽车维修手册和培训资料，谨在此向其作者及资料提供者表示深切的谢意。特别感谢重庆市汽车维修行业技术专家们的大力支持。

　　由于编者水平有限，书中难免存在不妥之处，恳请读者和专家批评、指正。

编　者

二维码索引

（续）

名　　称	图形	页码	名　　称	图形	页码
D 位 1 档动力传递路线		31	电磁阀的作用		45
D 位 2 档动力传递路线		32	电磁阀的工作过程		46
D 位 3 档动力传递路线		32	储能减振器作用		46
L 位 1 档发动机制动动力传递路线		33	储能减振器工作过程		46
R 位动力传递路线		34	自动变速器换档图分析		50
超速档位置动力传递路线		36	油温传感器安装位置		54
液压控制系统组成		42	空档起动开关的作用		55
变速器油泵结构和原理		42	空档起动开关安装位置		55
手动阀的工作过程		44	超速档开关作用、安装位置及工作过程		55
第一调节阀结构和工作过程		44	换档模式开关作用及工作原理		56

（续）

（续）

目 录

CONTENTS

绪　　论

1．课程能力标准

本书是根据《汽车维修技术人员培训能力标准》中的核心能力标准《QTPBW041 检查和维护自动变速器》《QTPBW076 维修自动变速器》，依照教育部《高等职业学校汽车检测与维修技术专业教学标准》、对接"1+X"证书《汽车运用与维修（含新能源汽车）职业技术等级证书》中"汽车动力与驱动系统综合分析技术"（初、中、高）"职业能力进行编写的（表 0-1）。

表 0-1　汽车自动变速器维护与维修教学内容对接 1+X 证书知识和技能要求

能力单元名称（能力要素）	学习内容（能力实作指标）	1+X 技能等级证书标准	
		技能要求	知识要求
单元一电控液力自动变速器维护与维修	任务一认识电控液力自动变速器结构及工作过程	模块 1-1 初级1.1.7　能选用符合厂家要求的油液	模块 1-1 初级1.1.7　自动变速器油液类型判读
	任务二实施电控液力自动变速器维修程序	模块 1-1 中级1.4.3　能检查、更换外部密封件和衬垫	模块 1-1 中级1.4.3　外部密封件和衬垫更换方法及注意事项
		1.4.4　能检查、维修、更换外壳、衬套、驱动轴万向节	1.4.4　外壳、衬套、驱动轴万向节更换方法及注意事项
		1.4.8　能检查和调整阀体螺栓的拧紧力矩	1.4.8　阀体螺栓拧紧力矩标准及调整方法
		1.4.9　能检查伺服缸、活塞、密封件、销、弹簧和挡圈，根据需要维修或更换	1.4.9　伺服缸、活塞、密封件、销、弹簧和挡圈更换维修流程及注意事项
		1.4.10　能检查蓄能器、活塞、密封件、销、弹簧和挡圈，根据需要维修或更换	1.4.10　蓄能器、活塞、密封件、销、弹簧和挡圈更换维修流程及注意事项
		1.4.11　能检查及更换驻车档、驻车锁止轮、轴、弹簧、支架	1.4.11　驻车档、驻车锁止轮、轴、弹簧、支架的更换维修流程及注意事项
		1.4.12　能检查、测试、调整、维修或更换电气或电子元器件和电路，包括电脑、电磁阀、传感器、继电器、接线脚、插头、开关和线束	1.4.12　电气或电子元器件和电路，包括计算机、电磁阀、传感器、继电器、接线脚、插头、开关和线束调整、更换、维修的方法及注意事项
		1.5.2　能分解、清洗和检查变速器壳体和分总成	1.5.2　变速器壳体和分总成拆装、清洗流程及注意事项

（续）

能力单元名称 （能力要素）	学习内容 （能力实作指标）	1+X 技能等级证书标准	
		技能要求	知识要求
单元一 电控液力自动变速器维护与维修	任务二 实施电控液力自动变速器维修程序	1.5.3　能测量轴向间隙,根据情况更换止推垫圈和轴承 1.5.4　能检查、测量止推垫圈和轴承,根据需要更换 1.5.5　能检查和更换变矩器挠性驱动板和连接螺栓、导轮、泵轮、曲轴轴孔 1.5.6　能检查、测量、更换油泵组件 1.5.7　能检查轴承预紧力,确定维修项目 1.5.8　能检查、更换变速器轴 1.5.9　能检查、更换衬套 1.5.10　能检查油路组件有无损坏,包括油环、环槽、密封面、油管、节流孔和单向阀,确认维修项目 1.5.11　能检查、测量行星齿轮组,根据需要更换零部件	1.5.3　轴向间隙测量方法 1.5.4　止推垫圈和轴承检查、测量、更换方法及注意事项 1.5.5　变矩器挠性驱动板和连接螺栓、导轮、泵轮、曲轴轴孔检查和更换方法 1.5.6　油泵组件检查、测量、更换方法 1.5.7　轴承预紧力标准 1.5.8　变速器轴更换流程 1.5.9　衬套更换流程 1.5.10　油路部件检查和更换方法 1.5.11　行星齿轮组检查和测量方法
	任务三 实施电控液力自动变速器故障诊断程序	模块 1-1 初级 1.1.1　能检查有配备油尺的自动变速器或联动传动器上的液位 1.1.3　能检查变速器油液油质 1.1.4　能检查、调整或更换外壳手动换档阀、变速器档位传感器或开关和驻车或空档位置开关 1.1.5　能检查变速器外壳、油封、垫片和衬套的泄漏情况 模块 1-1 高级 1.3.1　能分析车主的故障描述并进行路试,确认是否是机械、液压故障,分析故障原因 1.3.2　能诊断引起离合器噪声或振动的故障,分析故障原因 1.3.3　能进行自动变速器油压测试,分析故障原因 1.3.4　能进行失速试验,分析故障原因 1.3.5　能对液力变矩器的液压系统进测试,分析故障原因 1.3.7　能分析车主的故障描述并进行路试,确认是否是电控系统故障,分析故障原因	模块 1-1 初级 1.1.1　有配备油尺的变速器油位标准判读 1.1.3　变速器的油液油质检查方法 1.1.4　手动换档阀、变速器档位传感器或开关和驻车或空档位置开关的识别 1.1.5　变速器外壳油封、垫片和衬套的泄漏检查细则 模块 1-1 高级 1.3.1　常见机械和液压故障及原因 1.3.2　引起离合器噪声和振动的故障诊断策略 1.3.3　自动变速器油压测试分析策略 1.3.4　自动变速器失速试验分析策略 1.3.5　液力变矩器的液压系统测试分析策略 1.3.7　电控系统常见故障诊断策略

（续）

能力单元名称 （能力要素）	学习内容 （能力实作指标）	1+X 技能等级证书标准	
		技能要求	知识要求
	任务一 认识无级变速器结构及工作过程		
	任务二 实施无级变速器维修程序	模块 1-1 中级 1.4.3　能检查、更换外部密封件和衬垫 1.4.4　能检查、维修、更换外壳、衬套、驱动轴万向节 1.4.8　能检查和调整阀体螺栓的拧紧力矩 1.4.12　能检查、测试、调整、维修或更换电气或电子器件和电路，包括计算机、电磁阀、传感器、继电器、接线脚、插头、开关和线束	模块 1-1 中级 1.4.3　外部密封件和衬垫更换方法及注意事项 1.4.4　外壳、衬套、驱动轴万向节更换方法及注意事项 1.4.8　阀体螺栓拧紧力矩标准及调整方法 1.4.12　电气或电子元器件和电路，包括计算机、电磁阀、传感器、继电器、接线脚、插头、开关和线束调整、更换、维修的方法及注意事项
单元二 无级变速器维护与维修	任务三 实施无级变速器故障诊断程序	模块 1-1 高级 1.3.1　能分析车主的故障描述并进行路试，确认是否是机械、液压故障，分析故障原因 1.3.2　能诊断引起离合器噪声或振动的故障，分析故障原因 1.3.3　能进行自动变速器油压测试，分析故障原因 1.3.4　能进行失速试验，分析故障原因 1.3.5　能对液力变矩器的液压系统进测试，分析故障原因 1.3.7　能分析车主的故障描述并进行路试，确认是否是电控系统故障，分析故障原因	模块 1-1 高级 1.3.1　常见机械和液压故障及原因 1.3.2　引起离合器噪声和振动的故障诊断策略 1.3.3　自动变速器油压测试分析策略 1.3.4　自动变速器失速试验分析策略 1.3.5　液力变矩器的液压系统测试分析策略 1.3.7　电控系统常见故障诊断策略

（续）

能力单元名称 （能力要素）	学习内容 （能力实作指标）	1+X 技能等级证书标准	
		技能要求	知识要求
第三单元 双离合变速器 维护与维修	任务一 认识双离合变速器结构及工作过程		
	任务二 实施双离合变速器维修程序	模块 1-1 中级 1.4.3　能检查、更换外部密封件和衬垫 1.4.11　能检查及更换驻车档、驻车锁止轮、轴、弹簧、支架 1.4.12　能检查、测试、调整、维修或更换电气或电子元器件和电路，包括计算机、电磁阀、传感器、继电器、接线脚、插头、开关和线束	模块 1-1 中级 1.4.3　外部密封件和衬垫更换方法及注意事项 1.4.11　驻车档、驻车锁止轮、轴、弹簧、支架的更换维修流程及注意事项 1.4.12　电气或电子元器件和电路，包括计算机、电磁阀、传感器、继电器、接线脚、插头、开关和线束调整、更换、维修的方法及注意事项
	任务三 实施双离合变速器故障诊断程序	模块 1-1 初级 1.1.2　能检查没有配备油尺的自动变速器或联动传动器上的液位 模块 1-1 高级 1.3.1　能分析车主的故障描述并进行路试，确认是否是机械、液压故障，分析故障原因 1.3.7　能分析车主的故障描述并进行路试，确认是否是电控系统故障，分析故障原因	模块 1-1 初级 1.1.2　没有配备油尺的变速器油位标准判读 模块 1-1 高级 1.3.1　常见机械和液压故障及原因 1.3.7　电控系统常见故障诊断策略

2. 课程学习目标

学习者通过本课程的学习，应该具有安全而正确地维修轿车自动变速器的能力。该能力由以下方面组成：

（1）专业知识

1）有关职场健康安全法规、环境保护法、设备、材料和个人安全要求的知识。

2）与自动变速器接触的安全知识。

3）液体传递动力的路径。

4）换档机构。

5）复合行星齿轮机构的工作原理。

6）超越式离合器的工作原理。

7）自动变速器的工作原理。

8）零件磨损的检查方法。

9）自动变速器的维修程序。

10）自动变速器的测试程序。

11）自动变速器的分解和组装程序。

12）自动变速器部件的调整程序。

13）换档操纵程序。

14）维修质量检查程序。

15）维修工作组织和计划步骤。

（2）基本技能

1）确认客户需求，准备检测工作。

2）测试自动变速器性能，分析数据结果，诊断故障。

① 道路测试。

② 电控单元系统故障诊断。

③ 手动档测试。

④ 失速测试。

⑤ 时滞测试。

⑥ 液压测试。

3）自动变速器基本检查和调整。

4）准备维修自动变速器工作。

5）维修自动变速器。

① 拆卸操作。

② 清洗操作。

③ 零件检修操作。

④ 装配操作。

⑤ 连接和调整操作。

6）提交车辆使用或存放工作。

（3）关键能力

1）收集、分析和组织信息能力。

① 收集自动变速器维修信息和资料，解释制造商、零件供应商提供的说明书和维修工作程序。

② 对维修技术信息进行判断。

2）交流想法和信息能力。

① 使用简明的语言和交流技巧，与顾客和团队成员进行交流。

② 询问和主动倾听顾客的需求，从顾客处获得信息。

③ 口头交流向顾客说明维修方案。

3）计划和组织活动能力。计划维修工作，充分利用时间和资源，区分重点和监督自己工作。

4）团队工作能力。在团队工作中，理解和响应顾客需求，与他人有效互动，共同完成工作目标。

5）解决问题能力。准确地诊断故障和灵活地解决问题。

6）应用数学思想和方法能力。根据测量计算误差，建立质量检验的基本概念。

7）应用技术能力。在维修自动变速器过程中，应用工具、测量仪器、数字显示测量技术，填写维修作业记录、检查清单等作业文件。

（4）素质目标

1）培养学生的爱国主义精神，民族品牌精神和以改革创新为核心的时代精神。

2）培养学生的创新思维，掌握核心技术、科技强国的思维。

3）培养学生爱岗敬业、脚踏实地、精益求精的工匠精神。

4）培养学生勤奋好学、吃苦耐劳、专注耐心的敬业精神。

5）培养学生"安全生产"和"7S"作业意识。

6）培养学生严格按照行业、企业标准完成工作任务的良好习惯，强化标准意识、质量意识。

7）培养学生计划工作、团队合作的能力。

8）培养学生能积极与他人有效互动，强化合作共赢意识。

9）培养学生能充分利用时间和资源、区分重点和监督自己工作的能力。

3. 学习前学习者应具备的能力

在开始学习本课程之前，学习者必须完成以下能力的学习：

① 确认维修技术标准和安全操作规范。

② 运用安全工作条例。

③ 使用和维护测量工具。

④ 使用和维护工具设备。

⑤ 使用和维护测量仪器。

⑥ 检查和维护发动机。

⑦ 检查和维护手动变速器。

⑧ 拆卸和检查电气、电子元件、总成。

⑨ 电路测试与小修。

⑩ 拆装和测试电气控制系统元件。

⑪ 安装、测试和维修低压电路及照明系统。

⑫ 安装、测试和维修电气安全系统元件。

4. 课程学习方法

单元学习内容和学习方法建议见表0-2。

5. 图标介绍

在学习中，教师和学习者根据书中图标提示的学习步骤及要求进行教学，图标的含义见表0-3。

6. 课程学习资源配置

1）本课程教材中对关键技术配置了动画，可通过扫描二维码进行学习。

2）汽车检测与维修技术专业群资源库。学习资源库网址：https：//www.icve.com.cn/project/welcome/welcome. htm。

表 0-2 单元学习内容和学习方法建议

能力单元名称（能力要素）	学习内容（能力实作指标）	学习方法建议						
		叙述式	互动式	小组讨论	案例分析	角色扮演	实作演示	现实模拟
单元一 电控液力自动变速器维护与维修	任务一 认识电控液力自动变速器的结构及工作过程	√	√	√				√
	任务二 实施电控液力自动变速器维修程序	√	√	√		√	√	√
	任务三 实施电控液力自动变速器故障诊断程序	√	√	√		√	√	√
单元二 无级变速器维护与维修	任务一 认识无级变速器的结构及工作过程	√	√					√
	任务二 实施无级变速器维修程序	√	√	√		√	√	√
	任务三 实施无级变速器故障诊断程序	√	√	√		√	√	√
单元三 双离合变速器维护与维修	任务一 认识双离合变速器的结构及工作过程	√	√	√				√
	任务二 实施双离合变速器维修程序	√	√	√		√	√	√
	任务三 实施双离合变速器故障诊断程序与学习	√	√	√		√	√	√

表 0-3 图标的含义

图标	图标含义	图标	图标含义
	学习目标		问题
	学习资源、学习信息		实作任务
	可提供学习的环境和使用的设备		学习鉴定
	安全警告、注意事项		学习评估

7. 课程学习鉴定指南

（1）鉴定标准　鉴定标准依据《汽车维修技术人员培训能力标准》中能力标准《QTPBW041 检查和维护自动变速器》《QTPBW076 维修自动变速器》，和"1+X"证书《汽车运用与维修（含新能源汽车）职业技术等级证书》职业能力标准。

（2）鉴定关键证据　考查学生在变化的工作情况下采取应对措施的能力。

1）遵守安全操作规范。

2）有效地与相关工作人员和客户交流。

3）选择适合工作情况的检测、维修方法和操作技能。

4）完成一系列工作准备活动。

5）解释测试结果。

6）按照制造商、零部件供应商提供的说明书要求，进行自动变速器维修。

7）在规定时间内完成维修自动变速器任务。

8）向顾客交付变速器。

（3）鉴定范围

1）基础知识和技能可以在岗或离岗进行鉴定。

2）实践技能的鉴定应当在经过一段时间的指导实践和重复练习取得经验后进行。若不能提供职场实施鉴定，可以在模拟的工作场所进行鉴定。

3）规定的任务必须独立完成。

（4）鉴定方法　鉴定必须符合维修技术标准和安全操作规范，必须确认知识与技能的一致性和准确性。本课程鉴定方法见表0-4。

8. 教学评估方法

本书附有学生评估工具，教师和学生可以使用这些评估工具从小组学习、学习用书、教学方法、学习方法、学习鉴定五个方面开展教学评估。教师也可以根据教学中具体情况，自己设计评估问卷，进行教学评估，监控教学质量。

表 0-4　本课程鉴定方法

鉴定方法	单元名称		
	单元一 电控液力自动变速器维护与维修	单元二 无级变速器 维护与维修	单元三 双离合变速器维护与维修
工作场所观察	★	★	★
模拟或角色扮演	★	★	★
口头提问	★	★	★
书面提问	★	★	★
技能展示	★	★	★
案例分析	★	★	★
项目工作和任务	★	★	★
证据素材收集	★	★	★

单元一
电控液力自动变速器维护与维修

 ## 学习目标

通过本单元的学习，学生应该具有安全而正确地维修电控液力自动变速器的能力。其职业目标及专业素养具体表现为：

1）完成电控液力自动变速器的维修程序。

2）完成电控液力自动变速器的故障诊断程序。

3）收集电控自动变速器维修信息和资料，能解释制造商、零件供应商提供的说明书和维修工作程序，对维修技术信息进行判断。

4）交流想法和信息能力。使用简明的语言和交流技巧，与顾客和团队成员进行交流；询问和主动倾听顾客的需求，从顾客处获得信息；口头交流向顾客说明维修方案。

5）计划电控自动变速器维修工作，充分利用时间和资源，区分重点和监督自己工作。

6）自觉遵守维修技术标准和安全操作规范。

7）自觉运用安全工作条例开展维修工作。

8）在团队工作中，理解和响应顾客需求，积极与他人有效互动，共同完成工作目标。

9）应用数学思想和方法能力。根据测量、计算误差，建立质量检验的基本概念。

10）应用技术能力。在维修电控自动变速器过程中，应用工具、测量仪器、数字显示测量技术，填写维修作业记录、检查清单等作业文件。

11）专注耐心，准确诊断电控自动变速器的故障和灵活地解决问题。

 ## 单元学习资源

有关自动变速器工作原理及结构的资料，可查询文字或电子文档如下：

1）各种汽车维护手册。

2）各种介绍自动变速器结构与工作原理的书籍。

3）有关职场健康与安全的法律与法规。

4）有关危险化学物质和危险商品的相关信息。

5）汽车维修设备使用说明书和安全操作规定。

 ## 可提供学习的环境和使用的设备

1）车间或模拟车间。

2）个人防护用品用具。

3）汽车维修设备和工具。

4）安全的工作环境和工作场所。

5）各种类型的自动变速器。

任务一 认识电控液力自动变速器的结构及工作过程

任务学习目标

通过本任务的学习，学生应该认识汽车液力自动变速器工作的有关知识，形成识别液力自动变速器各工作部件的能力。其具体表现为：

1）认识自动变速器的类型、作用和组成。

2）认识液力变矩器、行星齿轮机构、液压控制系统的作用和工作过程。

3）认识电子控制系统的作用和工作过程。

4）识别各部件在各种自动变速器上的布置。

学生职业素养关键能力表现为：

1）收集电控自动变速器维修信息和资料，能解释制造商、零件供应商提供的说明书和维修工作程序，对维修技术信息进行判断。

2）交流想法和信息能力。使用简明的语言和交流技巧，与顾客和团队成员进行交流；询问和主动倾听顾客的需求，从顾客处获得信息；口头交流向顾客说明维修方案。

活动一 自动变速器概述

学习信息

一、自动变速器的分类

随着汽车新技术不断发展，汽车采用的自动变速器有液力自动变速器（AT）、机械式自动变速器（AMT）、无级变速器（CVT）和双离合变速器（DCT）。

液力自动变速器（Automatic Transmission，AT）是目前应用广泛、技术成熟、可靠稳定的一种自动变速器，由液力变矩器和行星齿轮变速器组合而成。

机械式自动变速器（Automated Mechanical Transmission，AMT）是在传统的手动齿轮式变速器基础上改进而来的，制造成本较低。其离合器和换档都是采用计算机来进行控制的，机械式自动变速器的缺点是在换档时动力传输会中断，顿挫感强。

无级变速器（Continuously Variable Transmission，CVT）与别的变速器都不一样，没有传统意义上的齿轮组，主要是靠钢带来传输动力，通过锥形滑轮来控制传动比，所以无级变速器理论上具有无限个档位，传动比变化是连续的。因此，无级变速器的动力输出是连续的，在实际驾驶中非常平顺。目前国内整车采用无级变速器技术的车型有东风日产、本田等公司的部分车型。

双离合变速器（Double Clutch Transmission 或者 Dual Clutch Transmission，DCT）因为其有两组离合器，所以称为"双离合变速器"。两组离合器分别控制着奇数档和偶数档，当变速器收到换档的指令前，变速器的控制计算机就已经将下一组齿轮啮合，在得到换档指令之后，就可以迅速切换档位，中间几乎没有延迟，所以换档速度极快。加上没有液力自动变速器上使用的液力变矩器，能耗要比液力自动变速器低一些。双离合变速器技术最早为大众公司采用，与传统的自动变速器相比，该系统换档的舒适性更高，能满足消费者对驾驶运动感和车辆节油的双重需求。

在本书中着重为大家介绍电控液力自动变速器、无级变速器和双离合变速器的维护和维修程序。

二、液力自动变速器的作用

采用液力自动变速器的汽车，驾驶人不需经常地变化档位，液力自动变速器根据汽车道路行驶条件和载荷情况，即根据发动机功率大小及车速，在最适宜时间，自动换档至最适宜的档位。

三、液力自动变速器具有的优点和缺点

液力自动变速器与手动变速器相比具有以下优点和缺点。

1. 液力自动变速器的优点

液力自动变速器具有操纵简单省力，可提高行车安全性，行驶平稳舒适性好，防止传动系统过载，有效地衰减传动系统扭转振动，延长发动机及传动部件使用寿命，改善和提高汽车行驶的动力性，减少燃油消耗，降低排放污染的优点。

2. 液力自动变速器的缺点

液力自动变速器具有结构较为复杂，制造难度大，生产成本高，维修困难，传动效率低的缺点。

四、液力自动变速器的类型

比较常见的汽车发动机与驱动车轮的布置分为前置发动机、前轮驱动车辆（FF）和前置发动机、后轮驱动车辆（FR）两种，因此，液力自动变速器的结构与整车布置相对应。用于 FF 车辆上的变速器安装在发动机舱内，液力自动变速器与驱动桥合为一体，称为 FF 型自动传动桥；用于 FR 车辆的变速器有一个外置的主传动装置（差速器），液力自动变速器与驱动桥分为各自独立的两体，称为液力自动变速器，如图 1-1 所示。

五、ECT（电子控制变速器）自动传动桥的主要部件及其动力传输

液力自动变速器有不同的类型，其结构存在一些差异，但其基本功能及工作原理都基本相同。

1. ECT 自动传动桥的主要部件

ECT 自动传动桥由以下四大部件构成：

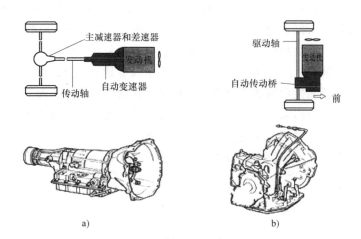

图 1-1　自动变速器的类型

a）自动变速器　b）自动传动桥

1）液力变矩器：传输和增大发动机输出的转矩。

2）行星齿轮机构：进行减速、倒档、加速和空档的换档。

3）液压控制系统：控制液压压力，以使液力变矩器和行星齿轮机构能顺利运行。

4）发动机和 ECT ECU：控制电磁阀和液压控制装置，以达到最佳的行驶状态。

2. ECT 自动传动桥的动力传输

要充分发挥自动变速器的功能，液力变矩器、行星齿轮机构、液压控制系统、发动机和 ECT ECU 就必须协调一致，正确地工作。其机械部分动力传递路线如图 1-2 所示。

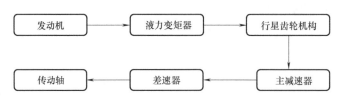

图 1-2　自动驱动桥动力传递路线

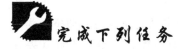 完成下列任务

在教师提供的车辆或变速器上，指出自动变速器主要组成部件的位置，并口述动力传递路线。

活动二　认识液力变矩器零件及工作过程

 学习信息

液力变矩器安装于发动机和变速器之间，通过驱动器盘固定在发动机的后端，如图 1-3 所示。

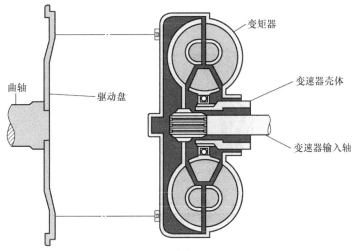

图 1-3　液力变矩器

一、液力变矩器的作用

液力变矩器安装在发动机和变速器之间，相当于手动变速器离合器的位置。液力变矩器壳体内充满自动变速器油，它既可以通过油液传递发动机动力到变速器，也可以将增大的转矩传送给变速器。液力变矩器的作用如下：

1）成倍放大发动机产生的转矩。

2）起到自动离合器的作用，传送或断开发动机至变速器的转矩。

3）缓冲发动机及传动系统的扭转振动。

4）起到飞轮的作用，使发动机平稳运转。

5）驱动液压控制系统的油泵。

二、液力变矩器的组成

当今应用在汽车上的液力变矩器主要由泵轮、涡轮、定轮和锁止离合器四个主要部件组成，如图 1-4 所示。

1）泵轮——通过液力变矩器壳体与曲轴相连，由曲轴驱动，所以发动机旋转泵轮就旋转。

2）涡轮——由泵轮产生的液压驱动，与变速器输入轴连接。

3）定轮——由单向离合器及定轮轴组成，通过油泵与变速器壳体固定。

4）锁止离合器——连接变矩器壳体和涡轮。

三、液力变矩器转矩传递原理与结构

当液力变矩器中只有泵轮和涡轮工作时，液力变矩器是一个液力偶合器，其作用只能传递转矩，不能增大转矩。

1. 液力变矩器转矩传递原理

下面用电风扇模型进行说明。电风扇 A 和电风扇 B 相对放置，将电风扇 A 通电，

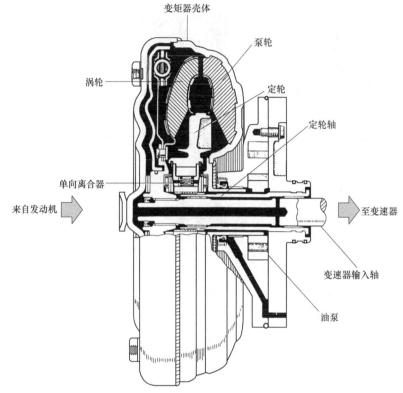

图 1-4 液力变矩器组成

电风扇 B 不通电，此时未通电的电风扇 B 会沿电风扇 A 转动的方向转动。这是因为动力传递是以空气为介质而实现的，如图 1-5 所示。液力变矩器的工作原理正是如此，泵轮相当于电风扇 A，涡轮相当于电风扇 B，自动变速器油是传递动力的介质。

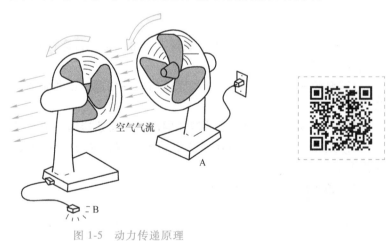

图 1-5 动力传递原理

2. 泵轮和涡轮的结构

泵轮和涡轮内部径向都装有许多弯曲的叶片，而叶片内缘装有让自动变速器油平滑流过的导环（图 1-6 和图 1-7），但涡轮叶片的弯曲方向刚好与泵轮叶片的弯曲方向相反，涡轮叶片与泵轮叶片相对放置，中间有一个很小的间隙（约为 3~4mm）。它们两个被封闭在同一壳体的腔中。

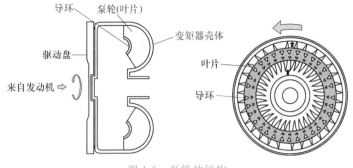

图 1-6 泵轮的结构

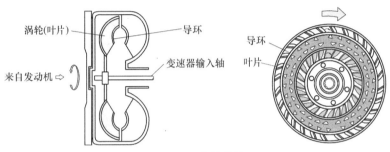

图 1-7 涡轮的结构

四、液力变矩器转矩传递过程

1. 泵轮转动，涡轮不动

当发动机启动泵轮被发动机曲轴驱动时，泵轮中的变速器油随同泵轮以相同方向转动。如图 1-8 所示，此时液体没有足够速度产生离心力，同时驾驶人施加的制动力通过变速器传递到涡轮上，涡轮不能转动。

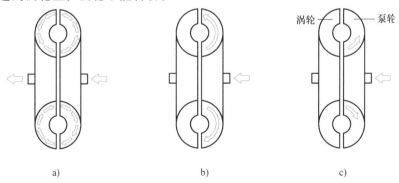

a)   b)   c)

图 1-8 液力变矩器上的动力传输

a) 环流 b) 涡流 c) 泵轮转动，涡轮不动

2. 泵轮与涡轮转速差较大，形成涡流

当泵轮转速加快时，离心力使液体向四周辐射散开，顺着泵轮叶片表面，由泵轮中

心向外流动，液体被甩向涡轮，作用在涡轮的叶片外沿上，这个作用力推动涡轮与泵轮同向转动，涡轮叶片周围液体持续不断地流回泵轮。此时涡轮转速小于泵轮转速，在变矩器内部形成了涡流。泵轮及涡轮的转速差越大，涡流就越强。

3. 泵轮与涡轮转速接近，形成环流

当车速增加时，涡轮速度增加。当涡轮和泵轮转速之差较小时，泵轮和涡轮周围的液体形成了一个整体，绕曲轴中心线旋转，就像一个联轴器，这就是所谓的环流。

如上所述，转矩的传递是通过液体在泵轮及涡轮之间流动而实现的。此时转矩可以传递，但不可以将发动机产生的转矩成倍增加。

五、转矩成倍放大的原理与部件结构

1. 转矩放大原理

前面用两个电风扇作为例子，解释了液力偶合器中转矩的传输原理。如果在电风扇 A 和电风扇 B 的后端加上一条输送空气管道（图1-9），气流从电风扇 A 吹向电风扇 B，然后经过管道，从电风扇 B 后面流回电风扇 A，这样加强了电风扇 A 的叶片吹动电风扇 B 的气流。在液力变矩器的结构中，定轮起到了空气管道的作用。

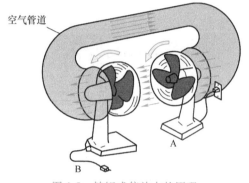

图 1-9 转矩成倍放大的原理

2. 导轮的结构

导轮位于泵轮与涡轮之间，通过一个单向离合器安装在导轮轴上，而导轮轴固定在变速器壳体上，其结构如图 1-10 所示。定轮叶片截住离开涡轮的变速器油，改变其方向，使其冲击泵轮的叶片背部，给泵轮一个额外的推力。

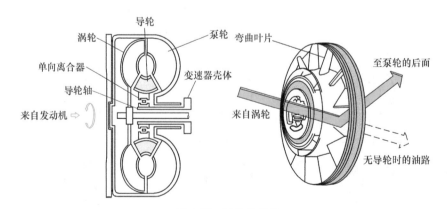

图 1-10 导轮的结构

3. 单向离合器的结构和工作原理

（1）单向离合器的结构 单向离合器由内座圈、外座圈、楔形块和定位弹簧构成。外座圈连接导轮，内座圈连接导轮轴固定在变速器壳体上，在内、外座圈之间有一个楔形块，如图 1-11 所示。

（2）楔块式单向离合器的工作原理

1）离合器未锁止。当外座圈要按照图 1-11a 中箭头Ⓐ方向转动时，就会推动楔形块顶部，由于楔块短边长度 l_1 小于内外座圈距离 l，楔形块就会顺时针转动，使外座圈与内座圈分离，外座圈随着定轮转动。

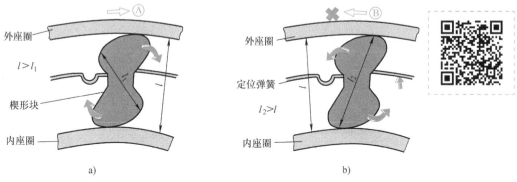

图 1-11　单向离合器的结构

a）单向离合器外圈转动　b）楔形块锁止

2）离合器锁止。当外座圈朝着图 1-11b 中箭头Ⓑ方向转动时，楔形块会随着向相同方向转动，由于楔块长边长度 l_2 大于 l，这样楔形块起到楔子的作用，锁住外座圈，使其无法转动，此时定轮被锁定了。另外，安装的定位弹簧使楔形块总是朝着锁止外座圈的方向略为倾斜，加强楔形块锁止功能。

4. 导轮单向离合器的转矩放大功能

液力变矩器的转矩成倍放大是由液体流过涡轮后，借助定轮叶片流回泵轮而实现的。导轮是转动还是被锁止，取决于变速器油冲击导轮叶片的方向。

（1）涡流较大，转矩增加　从涡轮进入导轮的液流方向取决于泵轮与涡轮的转速差。当这一转速差较大时，液体从涡轮流至导轮的液体冲击导轮叶片的正面，导轮被单向离合器锁住不转动，导轮叶片使液体流向改变，增强泵轮转动的能量，如图 1-12 所示。

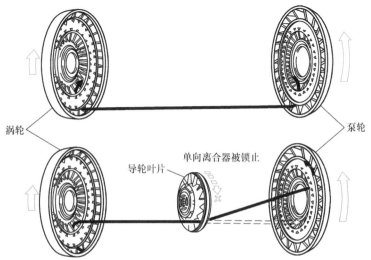

图 1-12　涡流较大时导轮单向离合器的工作情况

（2）涡流较小，转矩不放大　当涡轮的转速接近泵轮转速时，同涡轮一起同方向转动的液体速度升高，环流增加，涡流减少，如图1-13所示。从涡轮流至导轮的液流与泵轮的转动方向一致。这时变速器油冲击导轮叶片的背面，使导轮叶片对液流不起阻挡的作用。在这种情况下，单向离合器使导轮与泵轮同方向转动，液流返回泵轮，此时导轮不起增矩作用，只有转矩传递功能，转矩不放大。

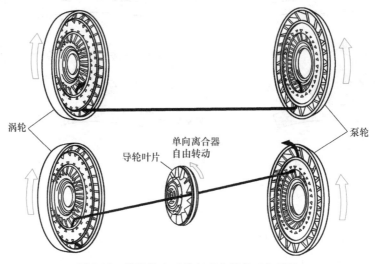

涡轮　　　　　　　　导轮叶片　单向离合器自由转动　　　　泵轮

图1-13　涡流较小时单向离合器的工作情况

六、液力变矩器的性能

1. 转矩比

从液力变矩器的工作过程可知，液力变矩器的运作分为两个工作区域：一个是变矩区（转矩成倍放大）；另一个是偶合区（只能传递转矩而不能增大转矩）。偶合器工作点就是这两个区域的分界线，如图1-14所示。转矩比 t 和转速比 e 的计算公式为

$$t = \frac{T_W}{T_B}$$

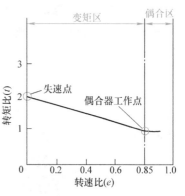

图1-14　液力变矩器转矩比

式中　t——转矩比；
　　　T_W——涡轮输出转矩，单位为 N·m；
　　　T_B——泵轮输出转矩，单位为 N·m。

$$e = \frac{n_W}{n_B}$$

式中　e——转速比；
　　　n_W——涡轮转速，单位为 r/min；
　　　n_B——泵轮转速，单位为 r/min。

2. 失速点

失速点是指涡轮停转（转速比为零）时的泵轮状态，液力变矩器的最大转矩比就

在失速点，转矩比通常在 1.7~2.5 范围内。

3. 偶合点

偶合点是指当转速比达到某一规定值时，涡流变得最小，导轮开始旋转的状态，此时转矩比几乎为 1∶1。换言之，液力变矩器在偶合点工作时，起液力偶合器的作用，防止转矩比降至 1 以下。

4. 传动效率

液力变矩器的传动效率是指泵轮得到能量传送至涡轮的效率。这里所说的能量是指发动机本身的输出，且与发动机转速、转矩成正比，如图 1-15 所示。发动机输出功率和传动效率的计算公式为

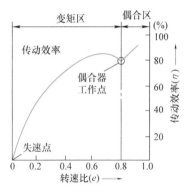

图 1-15　液力变矩器传动效率

$$P = kTR$$

式中　P——发动机输出功率，单位为 kW；

　　　k——系数；

　　　T——发动机转矩，单位为 N·m；

　　　R——发动机转速，单位为 r/min。

$$\eta = \frac{T_W e}{T_B} \times 100\%$$

式中　η——传动效率；

　　　T_W——涡轮输出转矩，单位为 N·m；

　　　T_B——泵轮输出转矩，单位为 N·m；

　　　e——转速比。

七、液力变矩器的运作

变速器档位通常的行车方式为前进（D 位）、倒车（R 位）、空档（N 位）。下面对液力变矩器在变速杆位于"D"位时的运作情况与性能进行分析。

1. 车辆停住，发动机怠速运转——液力变矩器在失速点工作

当发动机怠速运转时，发动机产生的转矩最小。如使用制动器驻车，涡轮无法转动，此时变矩器在失速点工作，增矩作用最强，传递到涡轮的转矩最大，传动效率却为零，所以涡轮总是随时准备以大于发动机产生的转矩转动，如图 1-16 所示。

2. 车辆起步后——液力变矩器在变矩区工作

当解除制动时，涡轮与变速器输入轴一起转动。所以，在加速踏板踩下时，涡轮输出的转速及转矩就与泵轮成正比地输出，以大于发动机所产生的转矩转动，传动效率随之激增，并在转速比达到偶合点前一点达到最大值，使车辆前进。

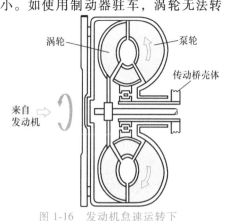

图 1-16　发动机怠速运转下液力变矩器的运作状况

3. 车辆低速行驶时——液力变矩器在偶合点工作

随着车速提高，涡轮的转速迅速接近泵轮的转速，从而转矩比接近1。当涡轮与泵轮的转速比接近偶合点时，涡轮流出的部分液体开始冲击导轮叶片背面，导轮转动，使传动效率不致进一步下降，转矩成倍放大效应下降。此时，液力变矩器开始仅作为液力偶合器运作。所以，车速几乎与发动机转速成正比直线上升，如图1-17所示。

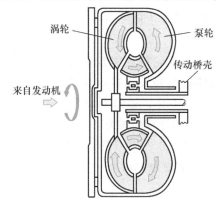

图 1-17　车辆低速行驶时液力变矩器的工作状况

4. 车辆以中、高速行驶时——液力变矩器在偶合区工作

这时，液力变矩器仅仅起到液力偶合器的作用，涡轮以与泵轮几乎一样的转速转动。转矩比几为1∶1传送，在偶合区内的传动效率与转速比成正比直线上升。但是由于液流的摩擦及撞击，使液流温度上升，液流的循环使一部分动能消耗，使液力变矩器的传动效率达不到100%。这时需要安装锁止离合器，使传动效率达到95%左右。

　参考

在车辆正常起动过程中，变矩器在发动机起动以后2~3s到偶合点。但是如果载荷太大，即使车辆中、高速行驶，变矩器也有可能在变矩区运作。

通过上述分析，液力变矩器各种工作状态的性能如图1-18所示。

八、锁止离合器机构

1. 锁止离合器作用和结构

（1）作用　为了防止液力变矩器在偶合区出现能量损失、降低油耗，当车速、节气门开度和档位等满足条件的情况下，锁止离合器通过摩擦副将发动机与变速器输入轴直接连接（相当于

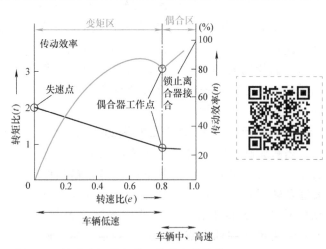

图 1-18　液力变矩器各种工作状态的性能

手动变速器中的离合器原理一样），这样使发动机产生的动力几乎 100% 地传送至变速器。

（2）结构 锁止离合器装在涡轮毂上涡轮的前端，减振弹簧在离合器接合时吸收转矩，防止产生振动，如图 1-19 所示。

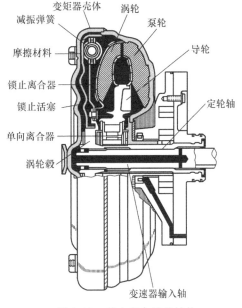

图 1-19 锁止离合器的结构

2. 锁止离合器的工作原理

当锁止离合器起作用时，泵轮和涡轮通过摩擦力连成一体，一起转动。锁止离合器的接合及脱开由液力变矩器的液压油流向决定。

（1）离合器脱开 当车辆低速行驶时，液力变矩器液体流至锁止离合器的前端。此时锁止离合器前端及后端的压力相等，使锁止离合器脱开，如图 1-20 所示。

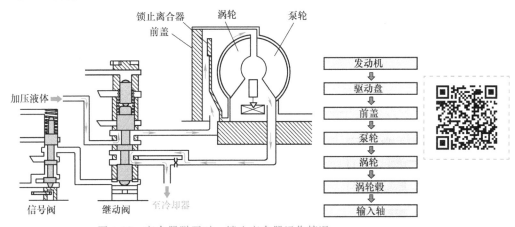

图 1-20 离合器脱开时，锁止离合器运作情况

（2）离合器接合 当车辆以中速至高速（通常为 50km/h 以上）行驶时，加压液体流至锁止离合器的后端。此时锁止活塞挤压液力变矩器壳体，从而使锁止离合器与前盖接合一起转动，如图 1-21 所示。

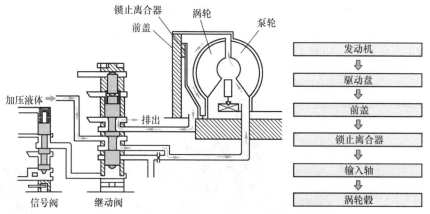

图 1-21 离合器接合时，锁止离合器运作情况

 回答下列问题

1. 判断下面说法的正误，在后面画"×"或"√"。

1）转矩传递是通过泵轮叶片和涡轮叶片的液体循环进行的。 □

2）导轮使转矩成倍放大。 □

3）在偶合器工作点，泵轮和涡轮之间的转速差最大。 □

4）液力变矩器在没有锁止离合器机构时不起作用。 □

5）泵轮在发动机转动的所有时间内均为转动。 □

6）涡轮与液力变矩器外壳连接成一个装置转动。 □

7）发动机起动时，导轮开始空转。 □

8）发动机运转和涡轮转动使泵轮转动。 □

2. 图 1-22 中的液力变矩器采用了锁止离合器吗？请说明液力变矩器处于什么工作状态，并标出液体流动方向。

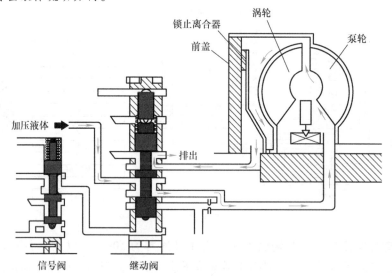

图 1-22 锁止离合器的运作情况

请说明这个液力变矩器的优点。

 完成下列任务

1. 对照液力变矩器实物识别液力变矩器组件，并口述以下各元件的定义。

泵轮　涡轮　定轮　单向离合器　锁止离合器

2. 在拆开的液力变矩器中指出液压路径和工作方式。

活动三　认识行星齿轮机构元件及工作过程

 学习信息

液力变矩器虽然能在一定范围内自动地、无级地变速、变矩，但转矩比仍不能满足汽车动力性能和经济性能的要求。故在液力变矩器后面通常连接了一套行星齿轮机构。其功能是改变液力变矩器输出转速的大小和转动的方向，并将输出功率传送至主传动机构。

一、行星齿轮机构的作用、组成

1. 作用

1）提供几种传动比，以获得适当的转矩及转动速度，满足行车条件及驾驶人的愿望。

2）提供倒档齿轮实现倒车。

3）提供停车的空档齿轮，实现发动机怠速运转。

2. 组成

行星齿轮机构安装于铝合金制成的变速器壳体内，由行星齿轮组、离合器、制动器、轴与轴承等组成，如图1-23所示。

1）行星齿轮组——改变变速器输出转速和方向。

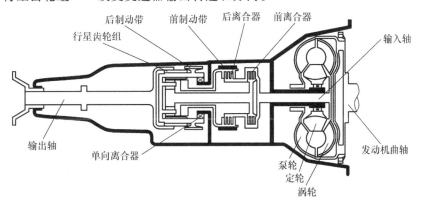

图1-23　行星齿轮机构基本类型内部元件

2）离合器及制动器——由液压操纵，用以控制行星齿轮组中各齿轮工作。

3）输入轴、输出轴、中间轴——传输发动机动力。

4）轴承——使每个部件平滑转动。

二、单排行星齿轮组的结构和工作原理

1. 单排行星齿轮组的结构

单排行星齿轮组如图 1-24 所示。行星齿轮组工作原理为行星齿轮绕着太阳轮自由转动，又与齿圈啮合围绕同一个圆心在转动。

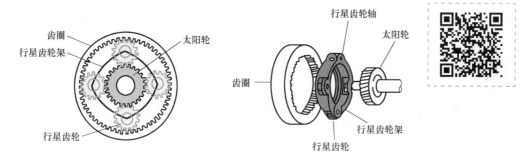

图 1-24　单排行星齿轮组

2. 单排行星齿轮组的工作条件、原理

（1）单排行星齿轮组的工作条件　行星齿轮组要在变速器某个档位中产生作用，从而实现加速、减速、倒车或空档，就必须满足以下 3 个运动条件：

1）必须由离合器将动力传递给某一个齿轮作为输入件（主动件）。

2）必须由制动器固定某一个齿轮转动。

3）必须有一个齿轮作为输出件（被动件）。

因此，如果行星齿轮组中各齿轮都没有作为固定件，就没有被动件，这时即为空档；如果行星齿轮组中两个元件同时作为主动件一起驱动被动件，就成为直接档（传动比 1：1）。

（2）传动比计算方法　行星齿轮组传动比 i 的计算公式为

$$i = \frac{z_2}{z_1}$$

式中　i——行星齿轮组传动比；

z_2——被动件齿数；

z_1——主动件齿数。

（3）行星齿轮机构当量齿数计算方法　单级单排行星齿轮机构各工作齿轮的齿数计算方法为，太阳轮和齿圈直接用齿数计算；行星齿轮架当量齿数的计算是太阳轮的齿数加上齿圈齿数。行星齿轮架齿数（z_c）可由下式得出：

$$z_c = z_r + z_s$$

式中　z_c——行星齿轮架齿数；

z_r——齿圈齿数；

z_s——太阳轮齿数。

例如：假定齿圈齿数（z_r）为 56，太阳轮齿数（z_s）为 24。当太阳轮固定，齿圈作为主动件运作时（图 1-25），行星齿轮组的传动比 i 为

$$i = \frac{z_c}{z_r} = \frac{z_r + z_s}{z_r} = \frac{56 + 24}{56} = \frac{80}{56} = 1.429$$

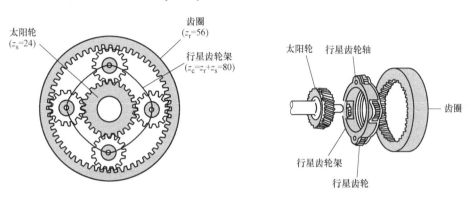

图 1-25　行星齿轮组传动示意图

（4）单排行星齿轮组工作原理

1）减速档工作方式。在行星齿轮组中必须是小齿轮驱动大齿轮，这时机构各元件运作方式为：齿圈——主动件，太阳轮——固定件，行星齿轮架——被动件。

当齿圈顺时针方向转动时，行星小齿轮围绕太阳轮顺时针方向转动，行星齿轮架的转动则根据齿圈及太阳轮的齿数而减速，如图 1-26 所示。

2）加速档工作方式。在行星齿轮组中必须是大齿轮驱动小齿轮，这时机构各元件运作方式为：行星齿轮架——主动件，太阳轮——固定件，齿圈——被动件。

当行星齿轮架顺时针方向转动时，行星小齿轮在围绕太阳轮转动的同时，自身顺时针方向转动，而齿圈加速，旋转方向正好与行星齿轮架方向同向，如图 1-27 所示。

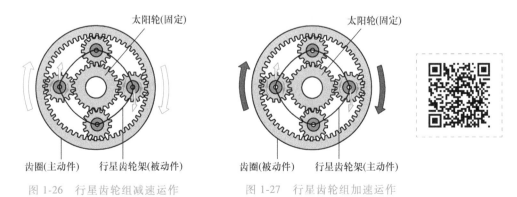

图 1-26　行星齿轮组减速运作　　　　图 1-27　行星齿轮组加速运作

3）倒档工作方式。在行星齿轮组中行星齿轮架必须固定，这时机构各元件运作方式为：太阳轮——主动件，行星齿轮架——固定件，齿圈——被动件。

当太阳轮顺时针方向转动时，固定在行星齿轮架上的行星齿轮逆时针方向转动，使得齿圈也逆时针方向转动。这时，齿圈与太阳轮反向减速运转，如图 1-28 所示。

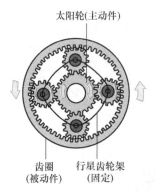

图 1-28　行星齿轮组倒档运作

表 1-1 列出了行星齿轮组各种运作情况下的转速及旋转方向。

表 1-1　行星齿轮的转速及旋转方向

固定	主动件	被动件	转速	旋转方向
齿圈	太阳轮	行星齿轮架	减速	与主动件同向
	行星齿轮架	太阳轮	加速	
太阳轮	齿圈	行星齿轮架	减速	与主动件同向
	行星齿轮架	齿圈	加速	
行星齿轮架	太阳轮	齿圈	减速	与主动件反向
	齿圈	太阳轮	加速	
任意两个元件运动情况相同			相同	与主动件同向
没有固定任意一个元件				空档

三、离合器和单向离合器

在行星齿轮机构中，离合器将行星齿轮组中的两个不同零件连在一起，如输入轴和太阳轮、超速档的太阳轮与超速档的行星齿轮架等，所以离合器总是随同这些部件一起转动。

1. 离合器的作用

1）将液力变矩器与行星齿轮组中各个齿轮接连起来，从而将发动机的转矩传送给中间轴，也可以使液力变矩器与行星齿轮组脱开，以切断转矩传送。

2）将行星齿轮组中连在一起的两个零件转速提高或降低至相同转速，并使它们的转动方向相同。

2. 离合器的类型

在现代自动变速器中，普遍采用的湿式多片式离合器和单向离合器如图 1-29 所示。湿式多片式离合器由离合器盘与离合器片交替排列组成，采用液压控制离合器接合及分离。

3. 离合器的工作过程

（1）离合器的接合过程　当加压液体流至活塞缸，就推动活塞止逆球右移关闭单向阀，形成密闭腔体。使活塞在缸内向右移动，迫使离合器片接触离合器盘，产生巨大摩擦力，离合器片驱动离合器盘，以相同速度转动。此时，输入轴的动力通过离合器接合传递给齿圈，如图 1-30a 所示。

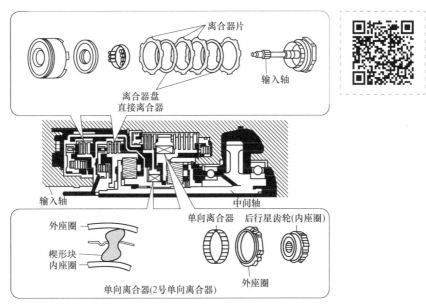

图 1-29　离合器的类型

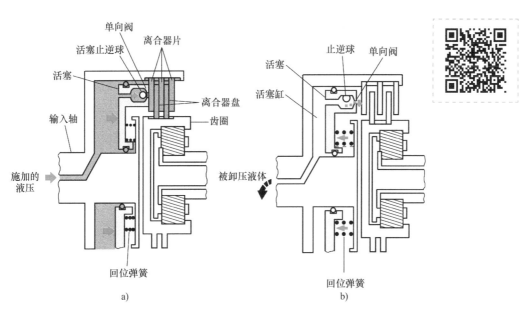

图 1-30　离合器接合与分离运作状况

a) 离合器接合　b) 离合器分离

（2）离合器的分离过程　当加压的液压卸压时，液压缸内的液压就下降。活塞止逆球受离心力的作用离开底座，液压缸内的液体经单向阀流出。同时，在回位弹簧的作用下，活塞返回原位，使离合器分离，如图 1-30b 所示。

四、制动器

1. 制动器的作用

制动器的作用是制动、锁定行星齿轮中的一个旋转部件，使其不能运动，以获得必要的传动比。

2. 制动器的类型与结构

制动器的类型有两种，一种是湿式多片式制动器，另一种是带式制动器，如图 1-31 所示。制动器的动作是由液压系统操纵的。

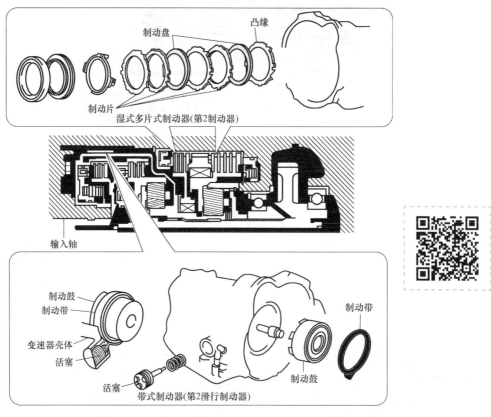

图 1-31 制动器的类型

3. 制动器的工作过程

（1）湿式多片式制动器的工作过程 湿式多片式制动器的工作情况如图 1-32 所示。这种制动器的制动片固定在变速器壳体上，制动盘与行星齿轮组的某个部件连接并一起转动。高压油推动制动器活塞，使制动片和制动盘产生摩擦互相挤压在一起，从而使行星齿轮中的某个部件固定在变速器壳体上不能运动，起到制动行星齿轮部件的作用。

（2）带式制动器的工作过程 带式制动器的工作情况如图 1-33 所示。这种制动器有绕着制动鼓的制动带，制动鼓与行星齿轮部件之一连成整体。当制动活塞受到液压时，活塞推动活塞连杆接触制动带，使制动带收缩挤压制动鼓，从而使行星齿轮中某个部件不能运动。

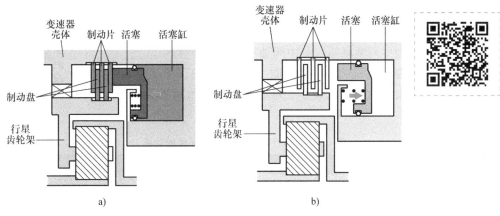

图 1-32　湿式多片式制动器的工作状况

a）接合　b）脱开

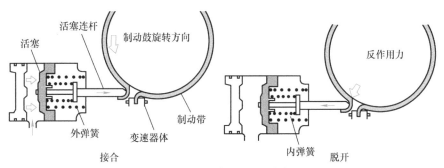

图 1-33　带式制动器的工作情况

五、多排行星齿轮组的结构与工作过程

从理论上讲，如果在单排行星齿轮组中有 3 个锁定元件的制动器，就可以得到 6 个不同传动比的档位。再加上把任意两个零件连成一体的直接传动，就可以得到 7 种不同传动比。但在实际行星齿轮变速器中，有些传动方案是不宜采用或不能采用的。通常单排行星齿轮组只能采用两种传动方案，其中一个是直接档，这就使自动变速器上只有高、低两个档位，不能满足汽车行驶的要求。因此，设计师通常采用将多个单排齿轮组进行串联的办法来扩大档位数目。这里以丰田汽车自动变速器为例，讨论多排行星齿轮组怎样实现档位动力的传递。

1. 三速行星齿轮组的结构与工作过程

在丰田汽车自动变速器中，采用了辛普森行星齿轮机构——即两排行星齿轮组排列在同一轴上。根据这两排行星齿轮组在变速器中的位置，分别称作"前行星齿轮组"和"后行星齿轮组"，如图 1-34 所示。加上控制其转动的制动器和离合器，以及传动转矩的轴与轴承，共同构成了一个三速行星齿轮机构，能实现 3 个前进档和 1 个倒车档。

（1）三速行星齿轮组的结构特点

1）前行星齿轮组中，齿圈和太阳轮分别与离合器连接。

2）前、后太阳轮为一个整体转动，如图 1-34 所示。

3）前行星齿轮架与后行星齿圈各自通过花键与中间轴联结作为输出。

4）中间轴主动齿轮相当于前置发动机前轮驱动车辆变速器的输出轴，通过花键与中间轴联结，与中间轴被动齿轮啮合。

（2）三速行星齿轮机构各部件功能　表1-2列出了图1-34中各部件在工作过程中表现的功能。表1-3列出了离合器和制动器在各档位的工作状况。

表1-2　三速行星齿轮机构各部件的功能

名称	功能
前进档离合器（C_1）	连接输入轴与前齿圈
直接档离合器（C_2）	连接输入轴与前、后太阳轮
1号单向离合器（F_1）	在 B_2 运作时,锁定前、后太阳轮,使之不能逆时针方向旋转
2号单向离合器（F_2）	锁定后行星齿轮架,使之不能逆时针方向转动
第2档滑行制动器（B_1）	锁定前、后太阳轮,使之既不能顺时针方向旋转,也不能逆时针方向旋转
第2档制动器（B_2）	锁定前、后太阳轮,使之在 F_1 运作时不能逆时针方向旋转
第1档及倒档制动器（B_3）	锁定后行星齿轮,使之既不能顺时针方向旋转,也不能逆时针方向旋转

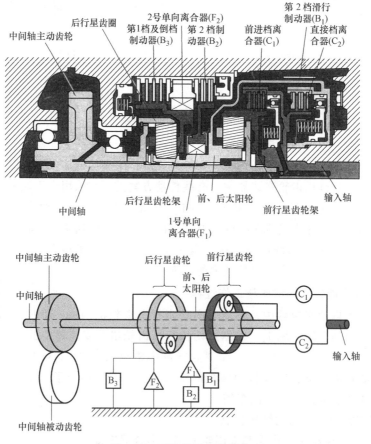

图 1-34　三速行星齿轮机构

表 1-3　离合器和制动器在各档位的工作状况

变速杆位置	档位	C_1	C_2	B_1	B_2	F_1	B_3	F_2
P	驻车档							
R	倒档		*				*	
N	空档							
D,2	1档	*						*
D	2档	*			*	*		
D	3档	*	*		*			
2	2档	*		*				
L	1档	*					*	

注：＊表示离合器和制动器接合。

（3）三速行星齿轮机构各档位的动力传递路线

1）D位（前进）或2位1档动力传递路线。

前行星齿轮组：前进档离合器 C_1 接合，使前齿圈和输入轴连接在一起顺时针转动。前行星架通过中间轴输出到车轮，1档一般用于起步此时车轮阻力大相当于前行星架被制动，前行星小齿轮和前齿圈内啮合顺时针自转驱动太阳轮逆时针转动，如图1-35所示。

后行星齿轮组：后齿圈通过中间轴输出到车轮，1档一般用于起步此时车轮阻力大相当于后齿圈被制动，共用太阳轮逆时针转动，使后行星齿轮架逆时针旋转趋势，但是后行星齿轮架被 F_2 固定不能逆时针旋转，太阳轮驱动后排行星齿轮顺时针转动，行星齿轮驱动后齿圈顺时针转动输出动力。

输出：前行星齿轮架和后行星齿圈使输出轴顺时针转动，产生大减速比。

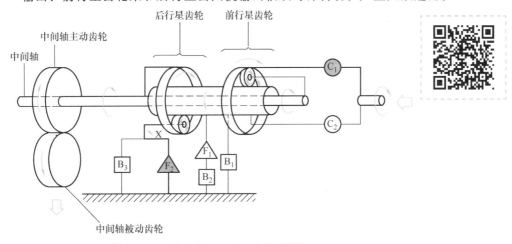

图 1-35　D位或2位1档动力传递路线

2）D位2档动力传递路线。在前行星齿轮组中，输入轴通过 C_1 使前齿圈顺时针转动，而太阳轮被 B_2 和 F_1 固定，动力不能逆时针传递到后行星齿轮。因此，前齿圈驱动前行星轮转动，前行星齿轮驱动前行星齿轮架顺时针转动通过中间轴输出动力。在该档位减速比小于1档，如图1-36所示。

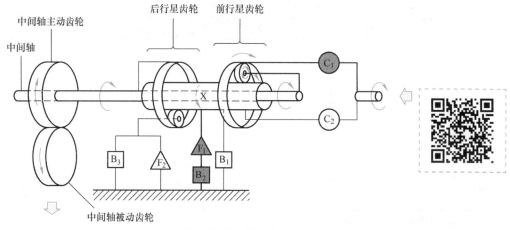

图 1-36　D 位 2 档动力传递路线

3）D 位 3 档动力传递路线。在前行星齿轮组中，输入轴通过 C_1 使前行星齿圈顺时针转动，同时通过 C_2 使太阳轮顺时针转动。由于前行星齿圈和太阳轮以相同的转速一起旋转，整个行星齿轮组以相同的转速转动，前行星齿轮架将动力输出到中间轴，这时传动比为 1，为直接档，如图 1-37 所示。

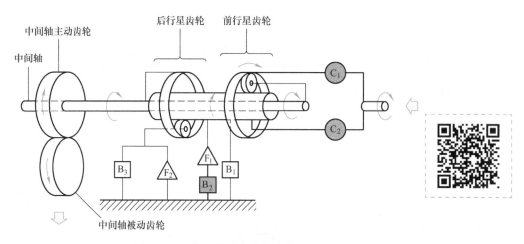

图 1-37　D 位 3 档动力传递路线

4）2 位 2 档的发动机制动动力传递路线。当车辆在变速杆位于"2"位减速行驶时，第 2 滑行制动器（B_1）和前进档离合器（C_1）动作，此时有发动机制动功能，该档位主要用在下长坡时，这时车轮为输入发动机为输出。当车轮输入的旋转运动传递给中间轴，中间轴将运动传送到前行星齿轮架，前行星齿轮架顺时针旋转，前行星齿轮架顺时针旋转使前后太阳轮顺时针方向转动，若此时还是 D 位 2 档的 B_2 和 F_1 工作，太阳轮顺时针转动就不能被锁定，前排没有固定件，形成空档，造成汽车在下坡时越滑越快。B_1 工作使前后太阳轮既不能顺时针旋转也不能逆时针旋转，此时为行星齿轮架驱动齿圈将车轮运动传递到发动机，使发动机转速提高，利用发动机的运转阻力实现车轮制动，如图 1-38 所示。

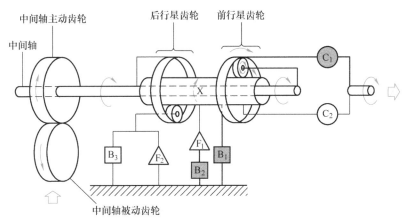

图 1-38　2 位 2 档发动机制动动力传递路线

5）L 位（低速）1 档的发动机制动动力传递路线。车辆在变速杆位于 "L" 位减速行驶时，1 档和倒车档制动器（B_3）和前进离合器 C_1 运作，和 2 位 2 档一样为车轮为输入、发动机为输出，当车辆行驶受到车轮驱动时，一路动力由中间轴将动力传给后行星齿圈，使后行星齿轮绕着前后太阳轮顺时针方向转动，后行星齿圈顺时针转动会驱动后行星齿轮架顺时针转动，如果还是用 D 位 1 档的 F_2，此时不能制动后行星齿轮架，后排没有固定件就形成空档，由于后行星齿轮架被 B_3 制动，动力经后齿圈、后太阳轮驱动前行星小齿轮既作自转又作公转，将动力顺时针传给前行星齿圈与输入轴，最后传递到发动机使发动机转速提高，利用发动机的运转阻力实现车轮制动，如图 1-39 所示。

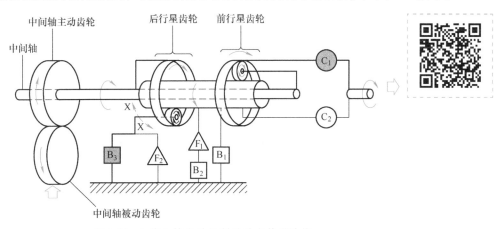

图 1-39　L 位 1 档发动机制动动力传递路线

6）R 位（倒档）的动力传递路线。车辆在 R 位行驶时，输入轴通过 C_2 使太阳轮顺时针转动。由于后行星齿轮架被 B_3 固定，所以后行星齿圈通过后行星齿轮逆时针转动，并且输出轴逆时针转动，如图 1-40 所示。这样，输出轴倒转，车辆以较大的减速比倒车。

7）P 位（驻车）和 N 位（空档）的动力传递路线。当变速杆置于 N 位或 P 位时，由于前进档离合器（C_1）与直接档离合器（C_2）不工作，所以来自输入轴的动力不会传送至中间主动齿轮。

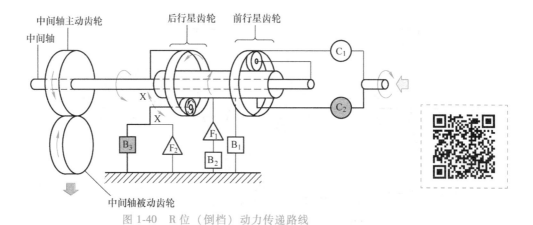

图 1-40 R 位（倒档）动力传递路线

当变速杆置于 P 位时，在输入轴的动力不会传递至中间主动齿轮，同时，驻车锁爪与中间轴主动齿轮啮合，而差速器主动齿轮轴与中间轴主动齿轮花键联结，从而阻止车辆移动，如图 1-41 所示。

2. 四速行星齿轮机构的结构和工作过程

以上三速行星齿轮机构没有超速档，在三速自动变速器基础上添置一个行星齿轮组就成了四速自动变速器（3 个前进档加 1 个超速档），如图 1-42 所示。

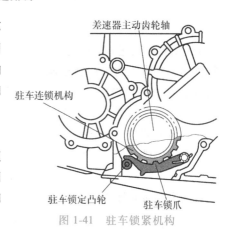

图 1-41 驻车锁紧机构

图 1-42 超速档行星齿轮机构（A140 系列）

（1）超速档行星齿轮机构的组成 超速档行星齿轮机构安装在三速行星齿轮机构后部（有的变速器在前部）。超速档行星齿轮机构主要由一个单排行星齿轮组、一个固定太阳轮的超速档制动器（B_0）、一个连接太阳轮与行星齿轮架的超速档离合器（C_0）及一个超速档单向离合器（F_0）组成。超速档行星齿轮架作为输入件，超速档齿圈作为输出件。

（2）超速档行星齿轮机构各部件功能 表1-4列出了图1-42中各部件在工作过程中表现的功能。表1-5列出了离合器和制动器在超速档的工作状况。

表1-4 四速行星齿轮机构各部件功能

名称	功能
超速直接档离合器（C_0）	连接超速档行星齿轮架与太阳轮
前进档离合器（C_1）	连接输入轴与前齿圈
直接档离合器（C_2）	连接输入轴与前、后太阳轮
超速档单向离合器（F_0）	锁定超速档行星齿轮架，使之不能逆时针方向转动
1号单向离合器（F_1）	在 B_2 运作时，锁定前、后太阳轮，使之不能逆时针方向转动
2号单向离合器（F_2）	锁定后行星齿轮架，使之不能逆时针方向转动
超速档制动器（B_0）	锁定超速档太阳轮，使之既不能顺时针方向转动，也不能逆时针方向转动
第2档滑行制动器（B_1）	锁定前、后太阳轮，使之既不能顺时针转动，也不能逆时针转动
第2档制动器（B_2）	锁定前、后太阳轮，使之在 F_1 运作时不能逆时针方向转动
第1档及倒档制动器（B_3）	锁定后行星齿轮，使之既不能顺时针方向转动，也不能逆时针方向转动

表1-5 四速行星齿轮机构离合器和制动器在超速档的工作状况

变速杆位置	档位	C_0	F_0	C_1	C_2	B_0	B_1	B_2	F_1	B_3	F_2
P	驻车档										
R	倒档	*	*		*					*	
D,2	第1档	*	*	*							*
D	第2档	*	*	*				*	*		
D	第3档	*	*	*	*			*			
D	超速档			*	*	*					
2	第2档	*	*	*			*				
L	第1档	*	*	*						*	

注：＊表示离合器和制动器接合。

（3）超速档的动力传递路线

1）不在超速档的动力传递路线。不在超速档时，超速排的执行元件 C_0 和 F_0 工作，将超速档行星齿轮架和超速档太阳轮连接起来，超速行星排组成一体顺时针方向转动，此时传动比为1，如同一个直接档传动机构，将输入功率（转速及转矩）照原样输出，如图1-43所示。

2）在超速档的动力传递路线。挂入超速档时，超速制动器（B_0）工作，辛普森行星齿轮机构 C_1 和 C_2 工作。由于 B_0 工作，锁定超速太阳轮。在超速行星排，行星齿轮架作为输入，太阳轮固定，齿圈输出，由于行星齿轮架的齿数大于齿圈的齿数，大带小

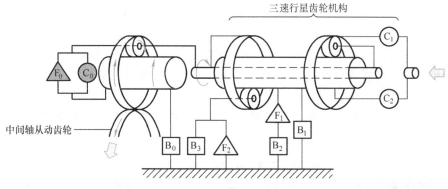

图 1-43　不在超速档位置动力传递路线

使超速排超速传动，辛普森行星排 C_1 和 C_2 工作，相当于 3 档直接档，传动比为 1。所以整个超速档的传动比即为超速排的传动比，如图 1-44 所示。

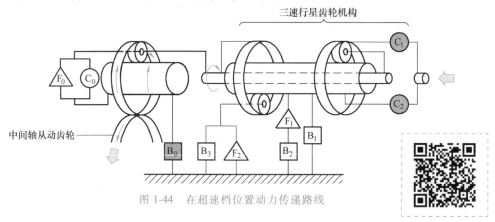

图 1-44　在超速档位置动力传递路线

回答下列问题

1. 图 1-45 所示为行星齿轮组的结构。请将构件名称与图中序号对应，并填写在空格中。

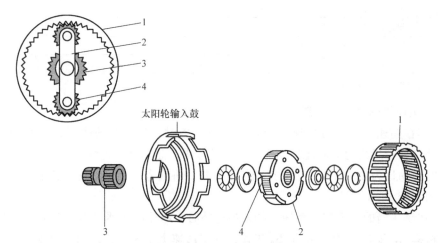

图 1-45　行星齿轮组的结构

a. 太阳轮　b. 齿圈　c. 行星齿轮架　d. 行星小齿轮

1 _____　2 _____

3 _____　4 _____

2. 判断下面说法的正确性，请在后面画"×"或"√"。

1）行星齿轮由 3 个齿轮（齿圈、行星小齿轮和太阳轮）和行星齿轮架组成。　　□

2）离合器盘推动直接（档）离合器片使湿式多盘制动器工作。　　□

3）离合器肯定有单向阀，以泄放液体。　　□

4）超速档的速比一般小于 1。　　□

3. 丰田汽车自动变速器的三速行星齿轮机构采用了两个离合器，如图 1-46 所示。请根据图 1-46～图 1-48 所示的工作状况，说明离合器 C_1 和离合器 C_2 单独工作、离合器 C_1 及 C_2 同时工作时的动力传输路线。

1）离合器 C_1 工作：如图 1-46 所示。

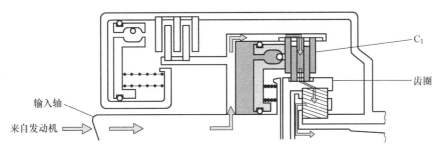

图 1-46　离合器 C_1 工作

动力传递路线：_____

2）离合器 C_2 工作：如图 1-47 所示。

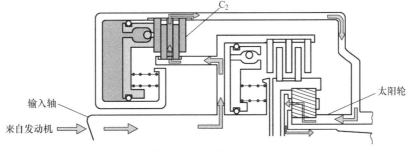

图 1-47　离合器 C_2 工作

动力传递路线：_____

3）离合器 C_1 及 C_2 同时工作：如图 1-48 所示。

动力传递路线：_____

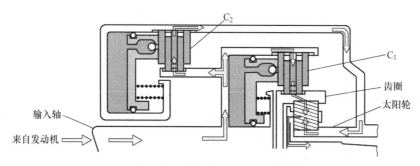

图 1-48　离合器 C_1 和 C_2 工作

4. 下列陈述与离合器有关，请在正确的叙述后面画"√"。

1）离合器起接合与脱开动力的作用。 （　　）

2）离合器起倍增功率的作用。 （　　）

3）离合器由弹簧力接合。 （　　）

4）离合器通过油黏度传递功率。 （　　）

5. 下列陈述与带式 B_1 制动器有关，请在正确的叙述后面画"√"。

1）外弹簧的功能是吸收制动鼓的反作用力。 （　　）

2）制动带的一侧用弹簧固定在传动桥壳上。 （　　）

3）当压缩液体被释放以及活塞杆被外弹簧推回时，回到原来位置。 （　　）

4）在使用更换后制动器带时，新带在安装前需浸泡在机油中 15min 或更长时间。

（　　）

6. 按以下给出的情况计算行星齿轮组的传动比。

已知：太阳轮 42 齿、行星齿轮 19 齿、齿圈 79 齿。

参照图 1-49 指出图 1-50 和图 1-51 中哪个元件是输入件，哪个元件是输出件，哪个元件是固定件。

1）计算行星齿轮组的传动比。

2）在下列图中用箭头标出输入件和输出件的转动方向。

例如：直接档

图 1-49　行星齿轮机构 1

| 太阳轮 | 主动件 | 齿圈 | 主动件 |
| 行星齿轮架 | 被动件 | 传动比 | 1 : 1 |

● 倒档

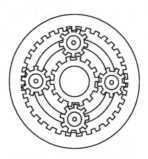

图 1-50　行星齿轮机构 2

太阳轮_____   齿圈_____

行星齿轮架_____   传动比_____

● 低减速比

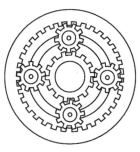

图 1-51　行星齿轮机构 3

太阳轮_____   齿圈_____

行星齿轮架_____   传动比_____

7. 根据前面所学知识，画出下列档位的动力传递路线图。

例如：D 位（前进）或 2 位 1 档

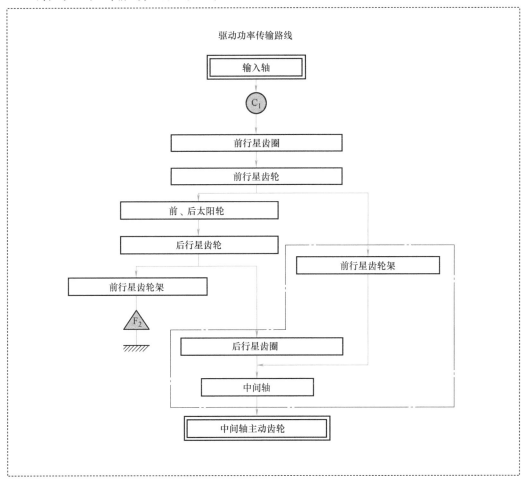

D 位 3 档动力传递路线

R 位(倒档)动力传递路线

8. 解释为什么不能采用推车的方法起动装有自动变速器的汽车发动机。

_____

_____

 完成下列任务

1. 口述行星齿轮机构的各零件定义。

行星齿轮组 离合器 制动器 单向离合器

2. 在拆开的行星齿轮机构中指出各档位动力传递路线。

活动四 认识电控液压控制系统元件及工作过程

 学习信息

自动变速器的液压控制系统担负着对液力传动装置提供传动介质，控制液力变矩器锁止、润滑和冷却传动介质的任务。同时，担负着对行星齿轮机构进行换档控制和对齿轮、轴承等零件润滑、冷却等功能。因此，液力控制系统应具有动力传递、操纵控制和润滑冷却等功能。

一、液压控制系统的作用和操纵方式

1．作用

1）提供液力变矩器液压油。

2）控制油泵液压。

3）给离合器和制动器提供液压，从而实现不同档位的切换。

4）提供变速器油润滑转动部件。

5）提供冷却液力变矩器油。

2．液压控制系统操纵方式

在电子控制液压操纵方式的液压控制系统中，车速和节气门开度信号先被转换为电信号。这个电信号在电子控制系统中经过处理后，被传递给液压控制系统执行，如图 1-52 所示。

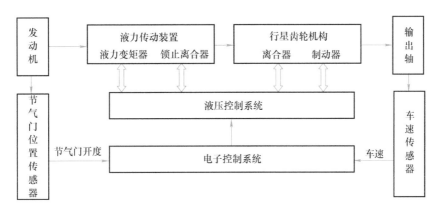

图 1-52　电子控制液压系统操纵方式

二、电控液压控制系统的功能与组成

1．电控液压控制系统的功能

图 1-53 所示为丰田 A140E 系列液压控制系统简图。自动变速器液压回路装置有以下 3 个功能：

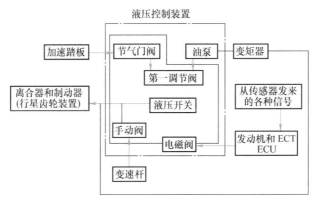

图 1-53　丰田 A140E 系列液压控制系统简图

1）产生液压功能。油泵具有产生液压的功能。油泵通过液力变矩器的驱动产生自动传动桥运转所需的液压。

2）调节液压功能。被油泵压缩的液压经过第一调节阀调节。

3）向换档行星齿轮机构提供液压油。自动变速器液压油通道根据手动阀的换档位置形成。当车速增大时，信号从发动机和 ECT ECU 传送到电磁阀。电磁阀操纵各个换档阀换档，即行星齿轮机构的离合器和制动器的运转被接通或断开时，实现齿轮换档。

2. 电控液压控制系统的组成

（1）油泵　油泵的作用是将液压油送至液力变矩器，润滑行星齿轮机构，并为液压控制系统提供工作压力。

油泵的主动齿轮由液力变矩器壳体带动。油泵的结构如图 1-54 所示。

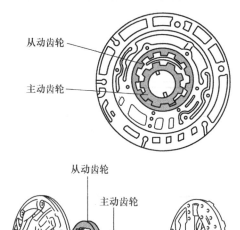

从动齿轮

主动齿轮

从动齿轮　主动齿轮

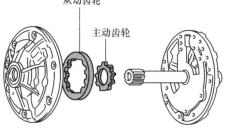

图 1-54　油泵的结构

（2）阀体　阀体由上阀体、下阀体和手动阀体等组成，阀体中各阀控制液压走向，并切换液体通道。丰田 A140E 系列液压控制系统阀体如图 1-55 所示。

（3）手动阀　自动变速器的变速杆通过拉索（用于 FF 汽车）或杆系（用于 FR 汽车）与变速器手动阀连接，如图 1-56 所示。驾驶人通过改变变速杆的位置，变换手动阀的油通路，并在每个换档区起作用。手动阀的工作过程如图 1-57 所示。

随着汽车市场的迅速发展，现在汽车上的配置也都在更新。汽车变速杆也由最传统的机械式逐步转变为电子式，换档方式也从一般的变速杆摇动演化成旋钮式、按键式等。电子式换档选择杆是将驾驶人的换档信号传递给换档模块，模块驱动手动阀动作。

（4）第一调节阀（主调压阀）

1）作用。第一调节阀的作用是按照发动机功率调节至每一个部件的液压（油路压力），以防止油泵的功率损失。

2）工作过程（图 1-58）。

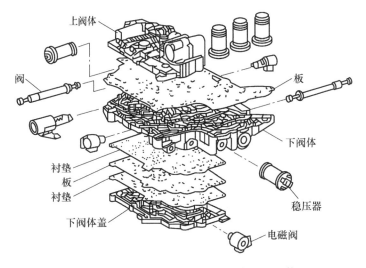

图 1-55 丰田 A140E 系列液压控制系统阀体

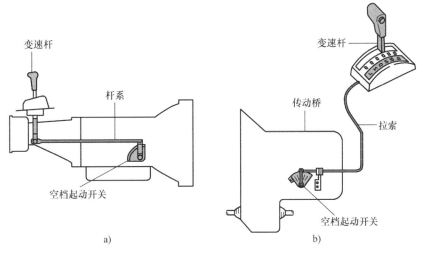

图 1-56 变速杆操纵机构的类型

a) FR 车辆 b) FF 车辆

① 当来自油泵的液压升高时,阀弹簧被压力压缩,至排油口的油通路打开且油路压力保持不变。

② 阀下方的节气门调节器压力起作用,加速踏板开度角增加时油路压力上升,以防止离合器和制动器打滑。

③ 在 R 位范围,线性压力上升到足够大,以防止离合器和制动器打滑。

(5) 第二调节阀

1) 作用。第二调节阀的作用是调节液力变矩器油路压力和润滑压力。

2) 工作过程 (图 1-59)。

① 通过液力变矩器液压和弹簧压力的平衡调节液力变矩器油路压力和润滑压力。

② 液力变矩器液压力由第一调节阀提供,并送至锁止继动阀。

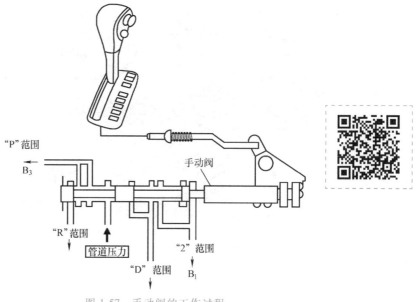

图 1-57 手动阀的工作过程

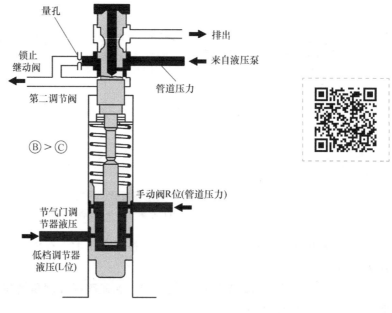

图 1-58 第一调节阀的工作过程

（6）换档阀

1）作用。换档阀的作用是通过接合和分离离合器和制动器的操作来进行换档。

2）工作过程（图 1-60）。换档阀切换油通路使液压施加于制动器和离合器。换档阀有 1-2 档、2-3 档和超速档（3-4 档）。下面以 1-2 档换档阀工作过程为例进行说明。

液压作用于换档阀的上部时，变速器处于 1 档，这时换档阀处在底部，并且通往离

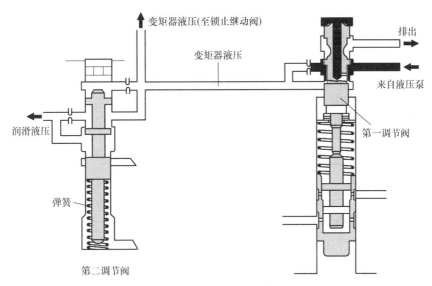

图 1-59　第二调节阀的工作过程

合器和制动器的油路被切断。当电磁阀切断电源时，弹簧力使阀体向上运动，这时通往 B₂ 的油路打开，自动变速到第 2 档。

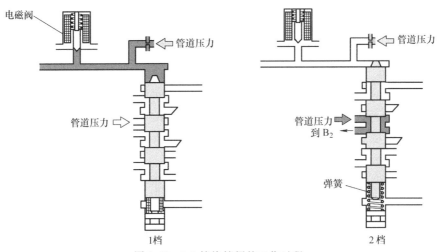

图 1-60　1-2 档换档阀的工作过程

（7）电磁阀　电磁阀有换档电磁阀（开关式）和线性电磁阀两种类型。其作用是：根据来自发动机和 ECT ECU 的信号接通或断开，从而使换档阀工作和控制液压压力。

1）换档电磁阀的作用、组成和工作过程。

① 作用：根据 ECU 信号使换档电磁阀接通或关闭油路，用于控制换档阀运作。

② 组成：换档电磁阀实际是一个开关电磁阀，由电磁线圈、衔铁、回位弹簧、阀芯和阀球组成，如换档 1 号和 2 号电磁阀。

③ 工作过程：当 ECU 根据节气门和车速信号进行处理后，电信号是一个恒定的电

压信号。如果使电磁阀接通电路，则油路打开；如果使电磁阀断开电路，则油路关闭。

2）线性电磁阀的作用、组成和工作过程。

① 作用：根据 ECU 的电流以线性方式控制油路中的油压。

② 组成：线性电磁阀实际是一个脉冲线性电磁阀，由电磁线圈、衔铁、阀芯和滑阀组成，如图 1-61 所示。

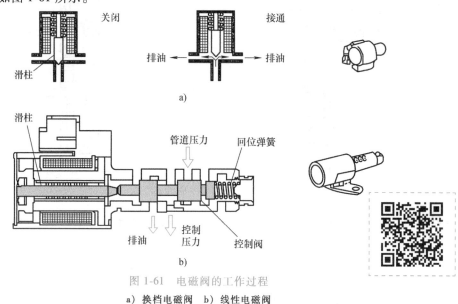

图 1-61　电磁阀的工作过程

a）换档电磁阀　b）线性电磁阀

③ 工作过程：控制脉冲线性电磁阀的电信号不是恒定的电压信号，而是一个固定频率的脉冲电信号。电磁阀在脉冲电信号的作用下不断反复地开启和关闭泄油孔，ECU 通过改变每个脉冲周期内电流接通和断开的时间比率（称为占空比，变化范围为 0～100%），改变电磁阀开启和关闭时间的比率，来控制油路的压力。

占空比越大，经电磁阀泄出的液压油越多，油路压力就越低；反之，占空比越小，油路压力就越大。该阀一般安装在主油路或减振器背压油路上，ECU 通过这种电磁阀使自动变速器升档或降档的瞬间油压下降，减少换档冲击，使档位的变换变得柔和。

（8）储能减振器

1）作用。储能减振器的作用是减小换档冲击。

2）工作过程（图 1-62）。由于储能减振器活塞的工作侧和背压侧的表面积不同，当来自

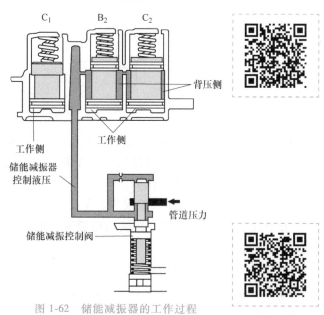

图 1-62　储能减振器的工作过程

手动阀的油路压力作用在工作侧时，活塞慢慢上升，使送往离合器和制动器的油路压力渐渐升高。

注意：某些液压系统采用线性电磁阀控制作用在储能减振器上的液压，使换档平稳。

三、自动变速器换档操作

像变速器行星齿轮机构的动力传递一样，液压回路中的动力传递线路也很容易追踪，它随着输入条件的变化而致使液压回路变化。在工作中，需要详细液压回路信息时，可以查阅工作手册。

图 1-63 所示为 D 位中 3 个前进档和 1 个超速档的换档操作图，显示了 1-2 档换档阀、2-3 档换档阀、3-4 档换档阀的液压油路连接情况和每个档位的电磁阀和换档阀的工作状况。

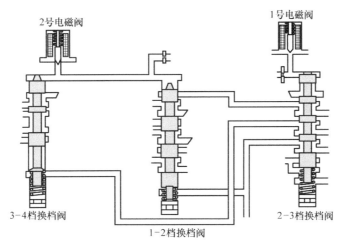

	电磁阀		行星齿轮传动装置									
	1号	2号	C_1	C_2	B_1	B_2	B_3	F_1	F_2	C_0	F_0	B_0
1档	ON	OFF	⊙				△		⊙	⊙	⊙	
2档	ON	ON	⊙		△	⊙		⊙		⊙	⊙	
3档	OFF	ON	⊙	⊙		⊙				⊙	⊙	
O/D档	OFF	OFF	⊙	⊙		⊙						⊙

操作 ⊙ 　　△ 仅限"L"范围

△ 仅限"2"范围

图 1-63　各档位换档操作

1．D 位 1 档

空档换 D 位 1 档的液压回路图如图 1-64 所示。其换档过程如下：

1）C_1 来自手动阀：通过切换换档手动阀打开至 C_1 的液流通道。

2）C_0 来自 3-4 档换档阀：通过接通 1 号电磁阀、断开 2 号电磁阀，使送至 C_0 的液流通道打开。

3）B_3 来自 2-3 档换档阀：由于接通 1 号电磁阀，液流从手动阀管道压力送至 B_3 通道。

4）发动机制动情况下：

在"D"和"2"位，由于 F_2 的工作，未实施发动机制动。

在"L"位，至 B_3 的通道被打开，能够实施发动机制动。

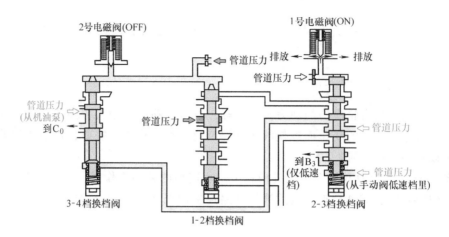

图 1-64 空档换 D 位 1 档的液压回路图

2. D位2档

D 位 1 档换 2 档的液压回路图如图 1-65 所示。

1） C_1 来自手动阀。

2） C_0 来自 3-4 档换档阀。

3） B_2 来自 1-2 档换档阀。

根据 ECU 的信号接通 2 号电磁阀，此时，1 号、2 号电磁阀均为接通状态。作用在 1-2 档换档阀、3-4 档换档阀顶部的液压被释放，1-2 档换档阀受到弹簧力的作用向上移动，致使通向 B_2 的液体流动通道打开。

4） 发动机制动情况下：

在"L"位，由于 F_1 的工作，未实施发动机制动。

在"2"位，至 B_1 的液流通道被打开，实施发动机制动。

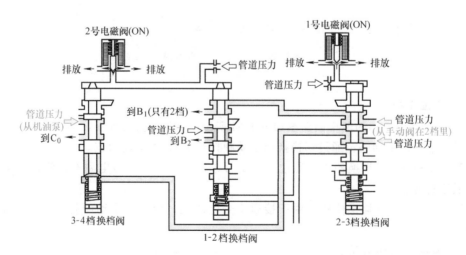

图 1-65 D 位 1 档换 2 档的液压回路图

3. D 位 3 档

D 位 2 档换 3 档的液压回路图如图 1-66 所示。

1）C_1 来自手动阀。

2）C_0 来自 3-4 档换档阀。

3）B_2 来自 1-2 档换档阀。

4）C_2 来自 2-3 档换档阀。

根据 ECU 的信号断开 1 号电磁阀，此时，2 号电磁阀仍为接通状态。液压开始作用在 2-3 档换档阀顶部，该换档阀向下移动，致使通向 C_2 的液流通道打开。

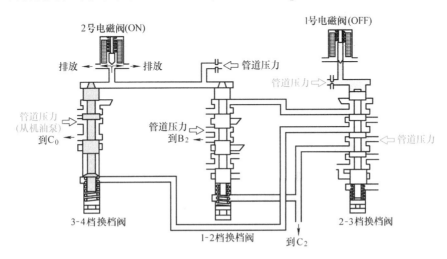

图 1-66　D 位 2 档换 3 档的液压回路图

4. D 位超速档（O/D 档）

D 位 3 档换超速档的液压回路图如图 1-67 所示。

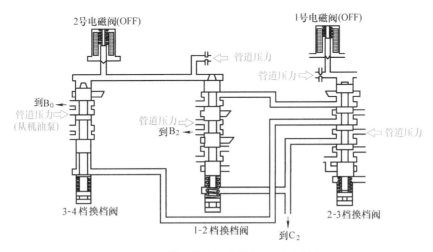

图 1-67　D 位 3 档换超速档的液压回路图

1）C_1 来自手动阀。

2）B_0 来自 3-4 档换档阀。

当超速档主开关断开时，ECU 不发出信号，2 号电磁阀被断开，此时，1 号和 2 号电磁阀均为断开状态。管路油压开始作用在 1-2 档和 3-4 档换档阀，使 3-4 档换档阀向下移动；同时来自 2-3 档换档阀的油压作用在 1-2 档换档阀底部，故 1-2 档换档阀不移动。因此，通往 C_0 的油路关闭，而通往 B_0 的液流通道打开，挂上 O/D 档。

3）B_2 来自 1-2 档换档阀。

4）C_2 来自 2-3 档换档阀。

四、自动换档图

自动变速器的换档是根据车速和发动机载荷自动实现的。

实现换档的点称为换档点。每种车型的换档点以一个固定车速表示，这个固定车速是节气门踏板开度恒定时的车速。

根据车速和发动机载荷绘制的表示换档点的图表称为自动换档图，如图 1-68 所示。从图中可以看到汽车在行驶条件下的换档点情况。

（1）当车速保持不变时　如果加速踏板由 A 点往下踩节气门开度达到 C 点，变速器 D 位 2 档换到 D 位 1 档；如果加速踏板由 A 点往上抬节气门开度达到 B 点，变速器从 D 位 2 档换到 D 位 3 档。

（2）当节气门开度保持不变时　如果车速由 A 点增加 D 点，变速器从 D 位 2 档换到 D 位 3 档；如果车速由 A 点降低到 E 点，变速器从 D 位 2 档换到 D 位 1 档。

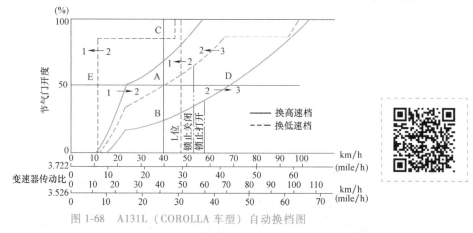

图 1-68　A131L（COROLLA 车型）自动换档图

从上面分析中，发现自动变速器升档和降档不是按照同一个图线进行工作的。变速器换档时的速度有一定的范围，与档位无关，这个范围称为滞后现象。自动换档图中实线与虚线之间的间距就表示滞后。滞后现象是每个自动变速器的内在特性，用以防止变速器频繁地换档。

在实际驾驶和修理汽车时，可以根据实际换档点与自动换档图的相符程度，以及变速器工作与换档图中的哪一条线（1→2、2→3 等）不相符，判断自动变速器是否有故障。

五、自动变速器油

自动变速器油（Automatic Transmission Fluid，ATF）的作用为：传递变矩的转矩，

控制液压控制系统和行星齿轮机构中离合器和制动器的运作，润滑行星齿轮及其他运动部件，冷却旋转部件。

自动变速器必须自始至终使用规定的自动变速器油，使用非规定的自动变速器油，或掺有非规定的自动变速器油添加剂的自动变速器油都会损坏自动变速器部件。

通常自动变速器油的外观颜色为红色，应与普通润滑油加以区别。

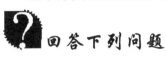回答下列问题

1. 在装有自动变速器的汽车上，为什么不能采用拖车的方式移动车辆？

_____

_____

_____

2. 判断下面说法的正误，请在后面画"×"或"√"。

1）对于自动传动桥的汽车，如果蓄电池的电耗尽，不能用推车起动的方法使发动机起动。 □

2）油泵安装在阀体内。 □

3）变速阀连接到变速杆，可直接操作。 □

4）可以用线性电磁阀代替节气门阀来控制节气门压力。 □

3. 判断自动变速器换档说法的正误，请在后面画"×"或"√"。

1）当汽车运行时，可以将变速杆置于 P 位，这不会干扰汽车的前进。 □

2）当汽车向前运行时，决不能将变速杆置于 R 位，这会损坏自动变速器。 □

3）当汽车前进或倒车过程中踩下制动踏板时，不可以踩下加速踏板，因为这使变速器超载，导致故障。 □

4）当汽车处于暂停不熄火而车内空调开着时，变速杆置于 P 位或 R 位，汽车不会移动。 □

4. 分析自动换档图，回答下列问题。

1）变速器的档位：

2 个前进档 □   3 个前进档 □   4 个前进档 □

2）当节气门开度保持在 30% 时，由 D 位 3 档车速为 _____ km/h 降低到 _____ km/h，才能转换成 D 位 3 档。

3）当车速保持在 70km/h，D 位 3 档节气门开度为 _____%，继续踩下加速踏板使节气门开度到 _____% 时，可以转换成 D 位 2 档。

完成下列任务

1. 请在教师提供的自动变速器上，识别液压控制系统元件的名称和安装位置。

2. 口述以下液压系统元件的作用和工作过程。

油泵　阀体　手动阀　节气门阀　储能减振器　电磁阀　换档阀

3. 液体辨认。

1）辨认自动变速器液体样本。其辨认程序如下：

检查广口瓶中自动变速器液体样本，考虑是否有几种不同的污染物影响了变速器液体。

注意：可以拿掉瓶盖来闻液体，也可以摇一下广口瓶来确认是否有污染物在液体中。

2）在表1-6中填写对样本是否适用的判断，如果不适用，给出一个理由。

表1-6　自动变速器油样品检查表

样本编号	适用	不适用	不适用的理由
1			
2			
3			
4			

活动五　认识电子控制系统元件及工作过程

学习信息

当前，自动变速器电子控制已发展到了换档和模式全面管理阶段。某些车型的自动变速器ECU与发动机ECU结合为一体。图1-69所示为ECT ECU系统简图。

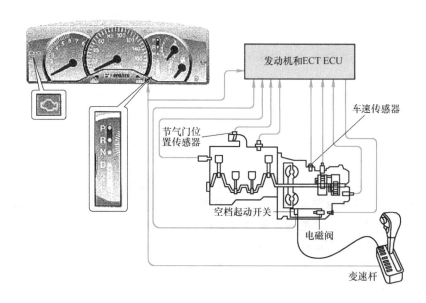

图1-69　ECT ECU系统简图

一、电子控制系统的控制原理

自动变速器电子控制系统是一个计算机化的系统，因此，这个控制系统通常由信号输入元件（传感器和开关等）、电子控制单元（ECU）和信号输出执行元件（电磁阀等）三部分组成。它们协调工作的关系如图 1-70 所示。

　　输入元件：用来衡量各种运行条件信息，将它们转化为电信号提供给 ECU。

　　ECU：用来接收信号，处理并做出决策和指挥。

　　输出元件：按照 ECU 发出的命令工作。

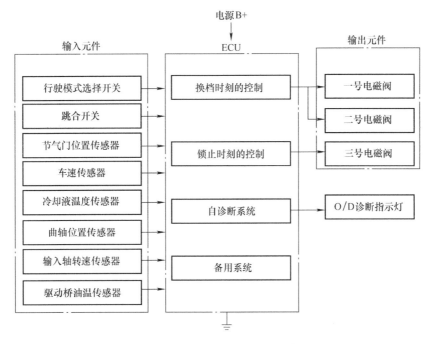

图 1-70　自动变速器电子控制的工作原理

　　综上所述，自动变速器电子控制的原理就是通过传感器将汽车行驶速度和发动机负荷等参数转变为电信号，ECU 根据这些电信号做出是否需要换档的判断，并按照设定的控制程序发出换档指令，操纵各种电磁阀（换档电磁阀、油压电磁阀等）控制阀体总成中各个控制阀的工作（接通或切断换档控制油路），驱动离合器、制动器、锁止离合器等液力执行元件，从而实现对自动变速器的全面控制。

二、电子控制系统的组成和功能

　　电子控制系统由各种传感器、开关、ECU 以及执行器（电磁阀、指示灯）组成。ECT ECU 具有以下 4 种功能：

　　1）换档正时和换档模式控制。

　　2）对液压控制装置的电磁阀进行控制。

　　3）ECU 内置自检系统具有故障诊断、自检和记忆功能。

　　4）ECU 内置一个备用系统具有失效防护功能。

三、输入元件的结构

　　输入元件主要由传感器和控制开关组成。

　　传感器、控制开关的作用是收集各种数据，用于确定各种控制装置的各种数据并将它们变换成电信号，然后传送到发动机 ECU 和 ECT ECU。

1. 传感器

图 1-71 所示为一些主要的传感器和开关类型与位置。

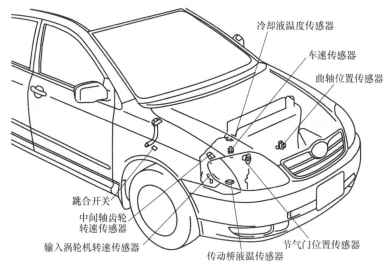

图 1-71　自动变速器传感器和开关类型与位置

在自动变速器输入传感器中，节气门位置传感器、车速传感器、曲轴位置传感器、冷却液温度传感器和电控发动机系统、ABS（防抱死制动系统）共同使用，这些传感器在这里不再介绍。本书主要介绍自动变速器特有的传感器和开关的作用、位置和结构。

（1）输入、输出转速传感器

1）作用：输入、输出转速传感器用于检测输入轴、输出轴的转速。

2）位置：输入、输出转速传感器安装在行星齿轮变速器的输入轴、输出轴或与输入轴、输出轴连接的离合器毂附近的壳体上。

3）工作原理：输入、输出轴转速传感器的结构、工作原理与车速传感器相同，主要有电磁式和霍尔效应式。

曲轴位置传感器和输入转速传感器将信号送入 ECU，计算出液力变矩器的传动比，使油路压力控制过程和锁止离合器控制过程得到进一步的优化，更精确地控制换档过程，以改善换档感觉，提高汽车的行驶性能。

（2）油温传感器

1）作用：油温传感器探测自动传动桥内 ATF（自动变速器油）温度，作为 ECU进行换档控制、油压控制和锁止离合器控制的依据。

2）位置：油温传感器安装在自动变速器油底壳内的阀板上。

3）工作原理：液压油温度传感器内部是一个半导体热敏电阻，它具有负的温度电阻系数。温度越高，电阻越小，ECU 根据其电阻的变化测出自动变速器液压油的温度。

除了上述各种传感器之外，自动变速器的控制系统将发动机控制系统中的一些信号，如大气压力信号、进气温度信号等，作为控制自动变速器的参考信号。

2．控制开关

（1）空档起动开关

1）作用：空档起动开关将变速杆的位置传送到发动机和 ECT ECU，用以判断变速杆的位置，防止发动机在驱动档位时起动。

2）位置：空档起动开关安装在阀体手动变速杆的一端，如图 1-72 所示。

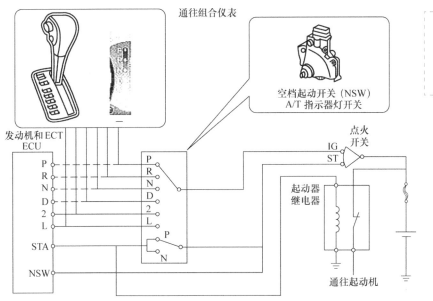

图 1-72　空档起动开关的控制

3）变速杆处于不同档位时，空档起动开关的工作情况如下：

① 当变速杆位于空档或驻车位置时，起动开关接通。这时起动发动机，起动开关便向 ECU 输出起动信号，使发动机起动。如果变速杆位于任一驱动位置，则起动开关断开，发动机不能起动，从而保证使用安全。

② 当变速杆置于不同位置时，空档起动开关接通相关电路，ECU 根据接通电路的信号控制变速器进行自动换档。

③ 当变速杆置于 R 位时，使倒车档警告蜂鸣器发出声音、倒车灯闪亮。

④ 当变速杆置于其中任意一个档位时，空档开关接通相应位置指示灯，告知驾驶人换档杆所处位置。

（2）超速档主开关

1）作用：超速档主开关的作用是取消超速档。

2）位置：超速档主开关安装在变速杆上，如图 1-73 所示。

3）工作过程：

① 在开关断开时，即使已达到换高速档的速度，超速档仍不换高速档。

② 如果开关断开的同时在超速档驾驶，自动驱动桥将由超速档换到第 3 档。

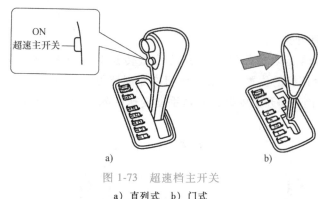

图 1-73 超速档主开关

a）直列式 b）门式

③ 在超速主开关断开的同时，仪表上超速断开指示灯（OD OFF）亮。

（3）制动开关

1）作用：制动开关的作用是判断制动踏板是否被踩下。

2）位置：制动开关安装在制动踏板正上方位置。

3）工作过程：当制动踏板被踩下时，则该开关将信号输送给发动机和 ECT ECU，解除锁止离合器的接合，防止汽车突然制动而致使发动机熄火。

（4）驾驶方式选择开关（又称为模式开关）

1）作用：驾驶方式选择开关的作用是允许驾驶人根据不同的道路行驶条件，人为地选择自动变速器控制模式。

2）位置：驾驶方式选择开关一般情况下安装在仪表板或变速杆上，如图 1-74 所示。

3）控制模式：主要是指自动变速器的换档规律。常见的换档规律有以下几种模式：

① 动力模式：将换档正时设定到发动机大功率范围内运转，用发动机的较大负荷控制换档，提高发动机的动力性能和爬坡性能。

② 经济模式：将换档正时设定到发动机经济转速范围内运转，用比较小的发动机负荷来控制汽车行驶换档，以降低燃油耗油量。

③ 雪地模式：雪地模式适用于雪地上行驶。将"2"档设定为工作档时，产生发动机制动，减小牵引力，防止车轮打滑。

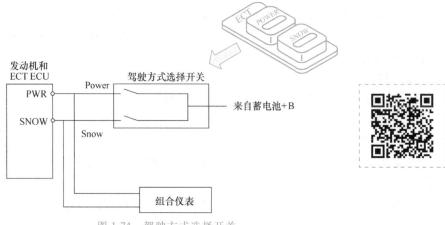

图 1-74 驾驶方式选择开关

④ 手动模式：手动模式让驾驶人在 1~4 档之间以手动方式选择合适的档位，使汽车可以像带手动变速器一样换档行驶，却不需要踩离合器踏板。

四、电子控制单元

各种自动变速器电子控制装置的控制内容和控制方式虽然不完全相同，但却有很多相似之处，通常有换档正时控制、锁定控制、柔性锁定的控制、其他控制等控制内容。

1. 换档正时控制原理

（1）编程存入存储器　发动机和 ECT ECU 将每个变速杆位置和每个驱动方式的最佳换档方式编程存入存储器，如图 1-75 所示。

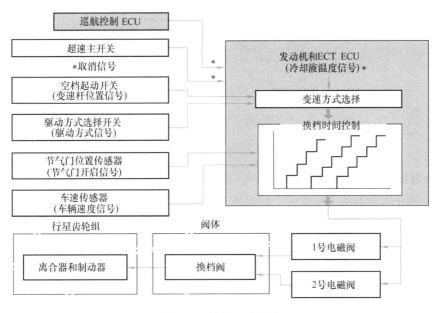

图 1-75　换档正时控制

（2）比较车速和节气门信号，发出电磁阀接通与断开指令　ECU 根据车速传感器的车速信号，利用节气门位置传感器的节气门开度信号和各传感器、开关信号，将电磁阀接通或断开。

（3）打开工作液体流动通道，实施换档　ECU 操作每个电磁阀，打开或关闭至离合器和制动器的液流通道，使传动桥换高速档或换低速档。

值得注意的是，换档规律因驾驶方式选择开关模式不同而设定不同。ECU 根据当前的驾驶模式来确定换档正时控制规律，如图 1-76 所示。例如：当驾驶人选用动力模式时，换档点和锁定点设定到比正常模式较高的发动机转速。

2. 锁定控制原理

锁定控制是将变矩器内的锁止离合器接合，作用是提高传递效率、节省燃油消耗。锁定控制的原理是：发动机和 ECT ECU 为每个驾驶方式的锁止离合器运转方式编程并存入存储器。根据这个锁定方式，ECU 按照车速信号和节气门开度信号将液力变矩器

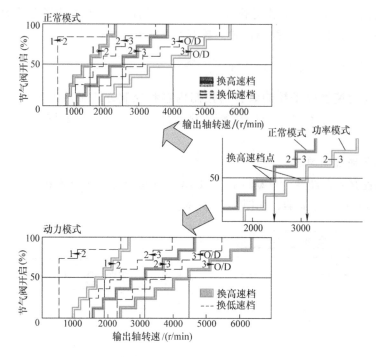

图 1-76　正常模式和动力模式驾驶方式的换档规律

锁止离合器电磁阀接通或断开。

（1）锁止离合器的工作条件　同时满足下面 3 个条件时，ECU 将接通电磁阀，以操纵液压通道，锁止离合器。

① 汽车在 D 位内以第 2 档或第 3 档行驶或超速档行驶。

② 车速和节气门开度角度测量值等于或大于规定值。

③ ECU 已接收到非强制性锁定系统取消信号。

（2）取消锁止离合器的条件　如果传动桥在换高速档或低速档的同时，锁定系统还在运行，则 ECU 使锁定系统无效，这有助于减少换档冲击。在换高速档或低速档完成后，ECU 使锁定系统重新有效。ECU 强迫取消锁止离合器的锁定条件如下：

① 在接通停车灯开关而汽车实施制动期间。

② 节气门开度小于一定值。

③ 冷却液温度低于一定温度。

④ 车速降至约 10km/h 或大大低于设定速度。

3. 柔性锁定控制原理

柔性锁定控制是柔性锁止离合器系统通过稳定和保持锁止离合器的微小打滑来扩大锁定工作区，以改善燃油的经济性。柔性锁定控制原理如下：

（1）提取信号　发动机和 ECT ECU 根据节气门开度和车速来确定柔性锁定工作区，然后 ECU 将信号送至线性电磁阀（SLU），如图 1-77 所示。

（2）比较信号，计算转速差　ECU 利用发动机转速和传动桥输入速度传感器信号来检测液力变矩器泵轮（发动机）和涡轮（传动桥）转速之间的差。

（3）反馈控制信号　反馈控制将液力变矩器（液体动力传递）和锁止离合器（机械动力传递）的动力传递分配最佳化。

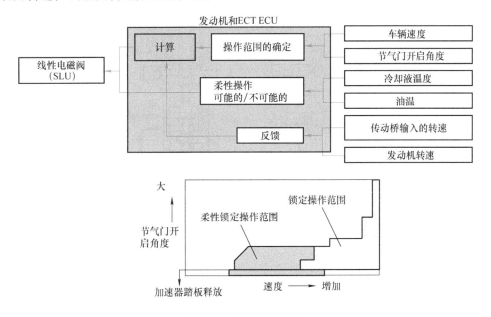

图 1-77　柔性锁定控制

4. 其他控制

（1）油路压力最佳控制原理　油路压力最佳控制是 ECT CEU 利用节气门位置传感器检测节气门开度和控制油路压力，将主油路油压控制为低于正常值，以防止换档时产生冲击。油路压力最佳控制的原理如下：

1）获得节气门开度信号。ECT 利用节气门位置传感器检测节气门开度（负载）。

2）计算占空比。ECU 计算并控制送往油压电磁阀的脉冲信号的占空比，以改变油压电磁阀排油孔的开度，产生随节气门开度变化的油压（即节气门油压）。

节气门开度越大，脉冲电信号的占空比越小，油压电磁阀的排油孔开度越小，节气门油压越大。

3）调节主油路压力。这一节气门油压被反馈到主油路调压阀，油路压力利用线性电磁阀（SLT）控制，如图 1-78 所示。

4）修正油路压力。ECU 根据各个传感器测得的发动机输出、行驶条件和自动变速器油温度精确地控制，对主油路油压进行适当的修正，从而实现平稳换档特性和使油泵工作负载最佳化。

例如，ECU 可以根据液压油温度传感器的信号，在液压油温度未达到正常工作温度时（低于 60℃），将主油路油压调整低于正常值，以防止因液压油在低温下黏度较大而产生换档冲击；当液压油温度过低时（低于 -30℃），ECU 使主油路油压升到最大值，以加速离合器、制动器的接合，防止温度过低时因液压油黏度过大而导致换档过程过于缓慢。在海拔较高时，发动机输出功率降低，ECU 将主油路油压控制为低于正常值，以防止换档时产生冲击。此外，ECU 还能根据档位开关的信号，在操纵手柄处于倒档位置时提高节气门油压，使倒档时的主油路油压升高，以满足倒档时对主油路油压的

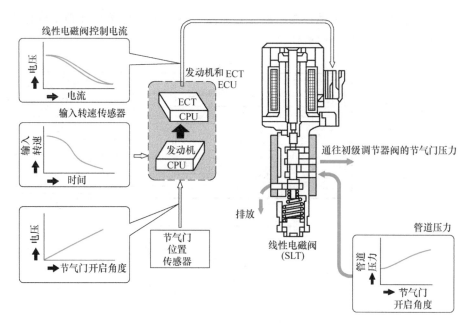

图 1-78 油路压力最佳控制

需要。

（2）离合器压力最佳控制原理 离合器压力最佳控制的作用是实现平稳换档特性。离合器压力的最佳控制一般采用线性电磁阀（SLT）。

离合器压力最佳控制原理：利用 ECU 监测来自各种传感器（如输入涡轮速度传感器）的信号，使线性电磁阀（SLT）能够根据发动机输出和行驶条件精确控制离合器压力。

（3）发动机转矩控制原理

1）作用：通过瞬间延迟传动桥内换高速档或低速档时所对应的发动机点火时间，平稳控制传动桥内行星齿轮装置的离合器和制动器的接合，如图 1-79 所示。

2）发动机转矩控制原理：当 ECU 根据各个传感器的信号判断换档正时时，触发换档控制电磁阀换档，在换档开始时，ECU 使发动机转矩控制装置延迟发动机点火时间，减小发动机输出转矩。其结果是行星齿轮装置的离合器和制动器的接合减弱实现平稳换档。

（4）自诊断作用和功能

1）作用：在发动机和 ECT ECU 配备一个内置自诊断系统，使技术人员在 ECT 故障排除期间容易而快速地确定故障部件或电路问题。

2）ECU 自诊断存储器具有以下功能：当 ECU 探测到一个故障，就做出一次诊断，并将故障信息存储起来。

① 一旦一个故障被存储到 ECU 中，即使该故障被排除后仍将被保留直到故障码被消除。

② 一旦一个故障被存入 ECU 中，在点火开关断开前，使用蓄电池的备用电源可将故障信息保留在存储器内。

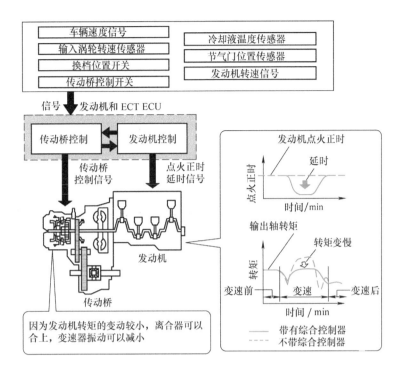

图 1-79　发动机转矩控制

③ 故障码（DTC）存储在存储器内。通过故障诊断仪或故障指示闪亮等方式，可以读取故障码。

（5）失效保护功能

1）作用：在汽车驾驶期间出现电气故障时，发动机和 ECT ECU 的失效保护能够使汽车连续行驶。

2）失效保护具有以下 3 个功能：

① 电磁阀备用功能。

当换档电磁阀 1 号和 2 号中的一个故障时，ECU 使用无故障的电磁阀控制传动桥，汽车仍能继续行驶。

当两个电磁阀均出现故障时，驾驶人通过手动操作变速杆仍能驾驶汽车。

② 备用车速传感器功能。

当车速传感器出现故障时，ECU 使用发动机转速信号代替车速信号进行档位的控制，但是汽车比正常控制情况行驶平稳性差。

③ 手动操作功能。

当电子控制系统因某些原因完全失效时，ECU 使行星齿轮能进行机械换档操作。

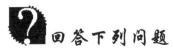回答下列问题

1. 根据教师提供的车辆，查找以下电子元件所在的位置，并做记录。

输入涡轮转速传感器

输入涡轮
转速传感
器

位置：

作用：

油温传感器

油温传感器

位置：

作用：

模式开关

ECAJ
P/E

位置：

作用：

电磁阀

位置：

作用：

（续）

模式指示灯	
ECAT □POWER □SNOW	位置： 作用：
档位和固定指示灯	
HOLD P R N D S L	位置： 作用：
控制单元	
EC-AT Control unit	位置： 作用：

2. 判断下面说法的正误，请在后面画"×"或"√"。

1）跳合开关在节气门达到100%的开度时，接通开关触点。　□

2）在超速主开关断开的同时，超速断开指示灯亮，表明可以换入超速档。　□

3）制动灯亮，表示制动踏板被踩下，已解除锁止离合器的接合。　□

4）当空档起动开关在变速杆处于P位时，倒车蜂鸣器发出声音或倒车灯闪亮。□

5）ECT ECU在汽车上有两种结构形式，与发动机ECU合为一体或是分开。　□

6）驾驶方式选择开关将变速杆位置的信号发送到ECU。　□

7）根据各个传感器的信号，发动机和ECT ECU控制换档正时。　□

8）柔性锁定（装置）交替地通过液压和机械方式进行动力传递。　□

3. 下面是关于换档正时的说法，请判断正误并在后面画"×"或"√"。

1）即使汽车带驾驶方式选择开关，换档正时方式也只有一个。　□

2）车速相同则变速杆位置相同，与节气门开度无关。　□

3）松开加速踏板时，不会换高速档。　□

4）在发动机冷却液温度低时，不能换高速档到O/D档。　□

4. 从下列控制中，选择合适的一种控制来延迟发动机点火正时和实现平稳换档。

1）油路压力最佳控制。　（　　）

2）发动机转矩控制。　（　　）

3）"N"到"D"车身后部下沉控制。　（　　）

4）离合器至离合器压力控制。　（　　）

5. 下列陈述涉及锁定的控制，请选择正确的叙述。

1) ECU 取消锁定是为了改善燃油消耗。　　　　　　　　　　　（　　）

2) 变速杆在 L 位时，如果车速达到规定的速度，锁定起作用。　（　　）

3) 踩下制动踏板时锁定功能取消。　　　　　　　　　　　　　（　　）

4) 巡航控制 ECU 工作时锁定不起作用。　　　　　　　　　　（　　）

任务二　实施电控液力自动变速器维修程序

 ## 任务学习目标

通过本任务的学习，学生应该具有参照维修手册维修液力自动变速器的能力，其职业目标和专业素养具体表现如下：

1) 完成自动变速器维修准备工作。

2) 完成自动变速器和自动传动桥的拆卸程序。

3) 完成零件清洗和检修程序。

4) 完成自动变速器和自动传动桥装配、复位和调试程序。

学生职业素养关键能力表现为：

1) 计划电控自动变速器维修工作，充分利用时间和资源，区分重点和监督自己工作。

2) 自觉遵守维修技术标准和安全操作规范。

3) 自觉运用安全工作条例开展维修工作。

4) 在团队工作中，理解和响应顾客需求，积极与他人有效互动，共同完成工作目标。

5) 应用数学思想和方法能力。根据测量、计算误差，建立质量检验的基本概念。

6) 应用技术能力。在维修电控自动变速器的过程中，应用工具、测量仪器、数字显示测量技术，填写维修作业记录、检查清单等作业文件。

活动一　完成电控液力自动变速器维修准备工作

 ## 学习信息

由于各种自动变速器的结构设计不同，在维修自动变速器和自动传动桥前，必须选择适合的维修手册、工作场所作和设备，这是维修的一个重要的基础工作，为此，通过本活动提供做好维修准备工作程序的基本信息。

一、寻找相关维修信息

1) 在开始检修前，找到尽可能多的关于维修部件的资料。

2) 与顾客和同事讨论采用什么维修方法。

二、准备维修工作场所

1）有足够的工作空间来移动或翻转自动变速器。

2）清洁自动变速器或自动传动桥维修工作台。

3）工作场所地面无油污和其他液体。

4）清洗自动变速器或自动传动桥外壳。

三、准备拆卸工具和设备

1）准备干净的油盘，以便存放拆卸下来的零件。

2）检查将要拆卸的自动变速器是否需要一些特殊的工具和设备。

四、准备清洁剂

在维修前应该检查将使用的清洁剂，详细阅读清洁剂的使用步骤。避免它与有些密封圈和衬套发生化学反应。

五、准备一些易损零件

由于使用或拆卸中经常损坏轴承、垫圈和密封件等，所以需要准备一些相应的不可重复使用的零件，以及拆卸它们的工具。

丰田 A131、A140 自动传动桥拆卸后易损坏的零件如图 1-80~图 1-82 所示。

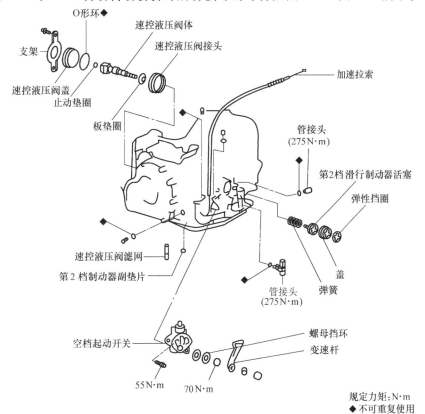

图 1-80　丰田 A131 自动传动桥外部拆卸易损件

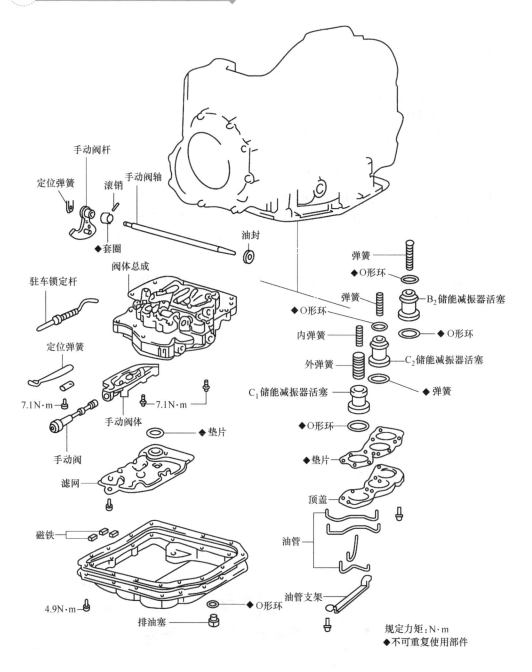

图 1-81　丰田 A131 自动传动桥油底壳拆卸易损件

六、注意事项

自动变速器的拆卸注意事项如下：

1）所有拆、装过程应尽量使用专用工具。

2）不允许戴线手套，因为若线落入油道可能造成油道堵塞。

3）自动变速器零件拆卸后应按安装顺序摆放整齐。

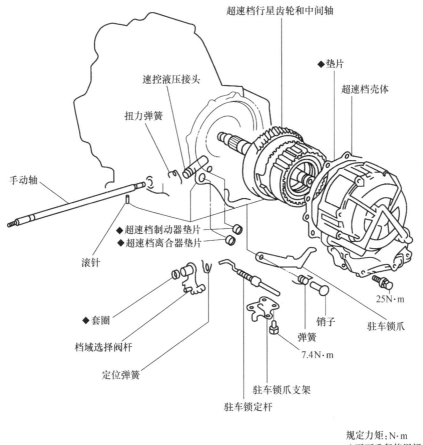

图 1-82　丰田 A140 自动传动桥行星齿轮机构拆卸易损件

活动二　实施电控液力自动变速器拆卸部件程序

 拆卸工具

电控液力自动变速器的拆卸工具包括塑料锤、尖头冲子、弹性挡圈钳、錾子、磁棒、轴承拆卸器、成套拆装工具和专用工具。

 学习信息

由于自动变速器和自动传动桥结构设计的多样性，在拆卸中应充分利用维修手册来拆卸变速器。下面介绍自动变速器和自动传动桥拆卸的一些关键步骤。

下面以丰田 A245E、A246E 自动传动桥为例，说明自动变速器拆卸和分解部件的主要程序。依据图 1-80~图 1-82 按照以下步骤进行拆卸：

1. 晾干变速器壳体上的残留水分

从汽车底部拆下变速器，用高压蒸汽对壳体表面的油污和杂质进行清洗，避免污染拆卸的零件。

2. 拆卸壳体外部的附加装置

拆卸通气塞软管，拆卸变速驱动桥壳塞和 O 形圈；拆卸空档起动开关，拆卸油管冷却器接头，拆下两个机油冷却器接头，从机油冷却器管接头上拆下两个 O 形密封圈。

拆卸其他附加装置，如手动变速杆和节气门阀加速拉锁。

3. 移出变矩器

4. 拆卸油底壳

拆卸油底壳时，不要将变速器倒置，以免油底壳内的杂质污染阀体。取下磁铁，用来收集油底壳内的铁屑，仔细检查油底壳和磁铁上的微粒，以预测变速器内有何种磨损。

钢铁（磁性）——磨屑为轴承、齿轮、驱动盘零件等磨损。

铜（非磁性）——磨屑为衬套零件磨损。

5. 拆卸阀体总成

拆卸机油滤清器，拆卸手动阀止动弹片分总成，拆卸变速器阀体，拆卸变速器配线。

6. 拆卸蓄能器

用低压压缩空气（98kPa）吹扫油道，并用抹布接住被弹出的 B-2 蓄能器活塞，拆下 B-2 蓄能器活塞；拆卸 C-1 蓄能器活塞；拆卸 C-3 蓄能器活塞。

7. 拆卸差速器总成

拆卸变速驱动桥壳体，拆卸前差速器总成，使用专用工具拆卸前主动小齿轮前滚锥轴承，拆下车速表主动齿轮，拆卸前主动小齿轮后滚锥轴承。

8. 拆卸油泵

用维修专用工具从自动传动桥壳体中拉出油泵。

9. 卸下和检查第 2 档滑行制动器（带式）活塞

卸下卡环；用低压压缩空气（98kPa）进行吹扫，并用抹布接住弹出的盖；从盖上拆下两个 O 形圈；拆下油封环，如图 1-83 所示。

检查制动带磨损情况，如果制动带衬里已经脱皮或褪色，或印刷号码已磨损，则更换制动带，如图 1-84 所示。

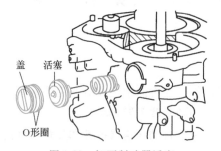

图 1-83　卸下制动器活塞

图 1-84　检查制动带印刷号码

10. 拆下输入轴总成

从壳体上拆下直接档离合器，从前进档离合器上拆下止动垫圈和两个组合轴承和座圈。

11. 拆卸和检查前行星齿轮总成

拆下前行星齿圈；用塞尺测量行星齿轮轴向间隙（图1-85）。如果间隙值大于规定值，则更换前行星齿轮总成。拆下行星太阳轮总成，拆下单向离合器。

12. 检查和拆卸第2档制动器

检查活塞滑动情况；拆下螺栓和第2档滑行制动带导件；拆下压盘、从动盘和法兰盘，检查从动盘、压盘和法兰盘表面是否磨损或烧损。如果从动盘衬里已经脱皮或褪色，或印刷号码已磨损（图1-86），则更换所有的从动盘。

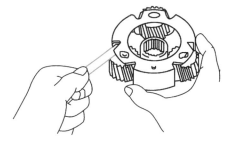

图1-85　测量行星齿轮轴向间隙

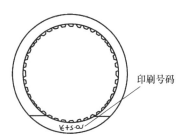

图1-86　检查从动盘磨损

13. 拆卸和检查后行星齿轮总成

拆下行星齿轮总成上的轴承和座圈。用塞尺测量行星小齿轮轴向间隙。如果大于规定值，则更换后行星齿轮总成。

14. 检查和拆卸第1档和倒车档制动盘

用塞尺测量第1档和倒车档制动安装间隙（图1-87）。如果安装间隙不符合标准，则检查从动盘。

15. 拆卸变速器壳后盖

拆卸后盖螺栓，用塑料锤敲击后盖四周，拆下后盖。

16. 拆卸中间轴分总成

17. 拆卸副轴分总成

拆卸副轴主动齿轮，拆卸副轴从动齿轮，用专用工具拆下副轴从动齿轮侧锁紧螺母，拆下推力滚针轴承，拆卸副轴总成。

18. 检查和拆卸超速档总成

检查超速档离合器活塞行程，如图1-88所示。当充放压缩空气（392～785kPa）时，测量超速档离合器活塞行程，如图1-89所示。活塞行程为1.5～1.9mm。如果活塞行程不符合标准，则选用另一种规格的法兰盘。

用同样方法检查超速档制动器安装间隙。安装间隙为1.15～1.97mm。如果间隙不符合标准，则检查从动盘。

检查超速档单向离合器，如图1-90所示。握住单向离合器鼓并转动单向离合器，检查单向离合器，能顺时针自由转动并且逆时针则被锁住为正常。

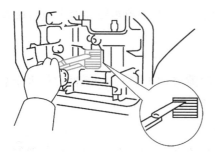

图 1-87　检查第 1 档和倒车档制动安装间隙

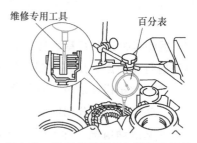

图 1-88　检查超速档离合器活塞行程

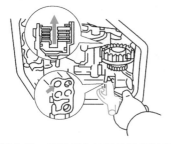

图 1-89　用压缩空气测量活塞行程

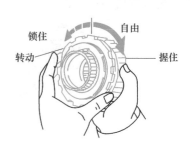

图 1-90　检查超速档单向离合器

19. 拆卸驻车装置

拆卸驻车锁爪，拆卸驻车锁止套，拆下凸轮套。

20. 拆卸 B-4 蓄能器活塞

拆下润滑油道盖和衬垫，拆下 B-4 蓄能器活塞和弹簧。

21. 拆卸副轴从动齿轮滚动轴承

用专用维修工具拆下副轴从动齿轮滚柱轴承。

22. 拆卸变速驱动桥油管

23. 拆卸轴承和油封

24. 拆卸组合件

确保从组合件上拆卸的零件按照装配关系放置，而不被放混乱。

25. 拆卸整理工作

当变速器被拆卸完毕，准备清洗各个零件，确保零件整洁地放好，以便辨认和检查。清洁拆卸后的工作场所，保证工作场所的整洁。

活动三　实施电控液力自动变速器清洗与检修程序

 检查工具

电控液力自动变速器的检查工具包括游标卡尺、磁性表座、百分表、弹性张力计和塞尺等。

学习信息

由于自动变速器和自动传动桥在传递动力过程中，零件之间相互摩擦会产生磨损，零件也会被油泥或磨屑污染，因此在总成拆卸成零部件后，需要进行清洗，检查零件的实际尺寸和性能，判断零件是否可以继续使用。

一、零件清洗

清洗部件时经常使用各种溶剂、清洁剂来清洗残留在部件表面的油脂和碎屑等。各种类型的化学清洁剂都会对人体健康构成危害，同时会在清洗过程中与零件产生化学反应；还有部分溶剂或清洁剂属于易燃品，使用不当会引发火灾。因此，一定要按照清洁剂产品供应商提供的清洗程序进行操作。

1）所有已分解零件应彻底清洗，每一个液体通道和孔都应该用压缩空气吹干净。

2）选用合适的清洗剂。阅读需要清洗的零件材料数据单，选用推荐自动变速器油、煤油、专用清洗剂作为清洁剂。

3）在指定的零件清洗机上进行清洗。

4）除油剂、清洁剂不应混合汽油或其他易燃液体，增加其易燃性，而导致火灾。

5）工作时必须佩戴合适的个人防护用品，如面罩、呼吸保护器、围裙及手套等，以防伤到皮肤、吸入有害蒸气。

6）保持工作场所空气流通。

7）清洗零件后的处理方法。用压缩空气吹干所有零件，绝不能使用抹布擦干。当使用压缩空气时，一定要离作用点远一点，以防止自动变速器油或煤油飞溅到脸上。

8）清洗后零件应该按照正确的顺序排列，以便可以有效地检查、修理和重装。

9）使用凡士林保存零件。

10）拆卸清洗一个阀体时，应确保每一个阀与相应的弹簧保存在一起。

11）要更换制动器和离合器的新从动盘，必须在重装前将其在自动变速器油中至少浸泡15min。

12）所有的油封、离合器从动盘、离合器压盘、转动零件和滑动表面先用自动变速器油涂抹后重装。

13）所有的衬垫和橡胶O形密封圈应更换。

14）不要在衬垫和类似零件上使用黏结剂。

15）如果要更换一个磨损的衬套，则这个衬套总成也必须更换。

16）检查推力轴承和座圈是否磨损或损坏，如果需要则更换。

17）当使用密封材料（FIPG）工作时，必须遵守以下操作规范：

① 用剔刀片和衬垫刮刀刮下衬垫表面所有旧的密封材料。

② 彻底清洗所有零件，以清除附在零件表面上的材料。

③ 下次使用FIPG材料组装零件时，零件必须在10min内完成，否则FIPG材料必须刮掉后重新填上。

二、检修总成零件

由于各种变速器零件结构设计各不相同，具体的检查项目要查询自动变速器维修手册。这里介绍检修零件的常用方法。

下面以丰田 A245E、A246E 自动传动桥为例，说明自动变速器分解部件和检查的主要程序。

1. 检修变矩器零件

（1）检查单向离合器　用维修专用工具转动单向离合器，如果离合器在逆时针方向转动时锁住，顺时针方向转动时能自由转动（图 1-91），则单向离合器为正常。必要时清洁变矩器，重新测试变矩器。如果离合器仍通不过性能测试，则更换变矩器。

（2）测试驱动盘偏摆、检查齿圈　安装好百分表，测试驱动盘偏摆，如图 1-92 所示。如果偏摆超过规定值或齿圈损坏，则更换驱动盘。安装新的驱动盘时，需注意垫圈方向，且拧紧螺栓。

图 1-91　离合器在逆时针方向转动时锁住

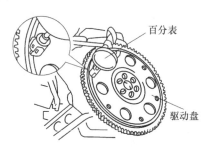

图 1-92　测试驱动盘偏摆、检查齿圈

（3）测量变矩器毂偏摆　将变矩器暂时装在驱动盘上，安装好百分表，如图 1-93 所示。判断偏摆情况：如果偏摆超过规定值，将变矩器重新进行调整。为了确保正确安装，需标记变矩器位置。如果偏摆过大而不能调整，则更换变矩器。

2. 检修油泵零件

（1）拆卸油泵零件　按照图 1-94 中显示的零件组装顺序进行拆卸。油泵中有一些密封零件，它们经过拆卸后不能再用。

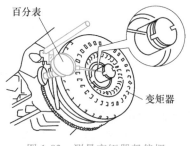

图 1-93　测量变矩器毂偏摆

（2）检查油泵总成

1）检查泵体间隙（图 1-95）。如果测出的间隙大于规定的最大间隙（0.3mm），则更换油泵壳体分总成。

2）检查顶部间隙（图 1-96）。如果测出的间隙大于规定的最大间隙（0.3mm），则更换整个油泵壳体分总成。

3）检查侧隙（图 1-97）。当检查出该侧隙超过规定值（0.1mm）时，可用标准厚度的主动齿轮和从动齿轮进行配对，达到规定侧隙值。如果最厚的齿轮不能使侧隙符合标准，则需要更换油泵壳体分总成。

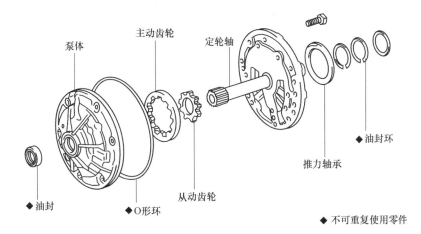

图 1-94　油泵拆卸和组装顺序

图 1-95　检查泵体间隙

图 1-96　检查顶部间隙

4）检查前油泵壳体衬套（图 1-98）。如果内径大于最大值（38.18mm），则更换前油泵壳体分总成。

图 1-97　检查侧隙

图 1-98　检查前油泵壳体衬套

5）检查定轮轴衬套（图 1-99）。如果内径大于最大值（前侧最大内径为 21.57mm，后侧最大内径为 27.07mm）则更换定轮轴。前进档离合器总成检测各技术参数值见表 1-7。其检查方法如下：

3. 检修离合器总成

（1）检修前进档离合器总成　当充、放压缩空气（392～785kPa）时，测量前进档离合器活塞行程（图 1-100）。如果行程大于最大值（1.81mm），则检查每个零部件。

表 1-7　前进档离合器总成检测各技术参数值　　　　　　（单位：mm）

名称	检测各技术参数
活塞行程	1.41~1.81
法兰盘厚度	2.8、3.00、3.20、3.37、3.60
离合器盘	安装顺序：P＝压盘 D＝从动盘　　　P—D—P—D—P—D—P—D

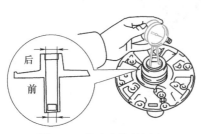

图 1-99　检查定轮轴衬套

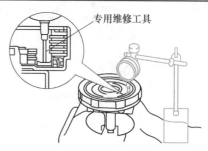

图 1-100　测量前进档离合器活塞行程

摇动离合器活塞分总成，检查止回球是否自由。充入低压压缩空气，检查阀是否泄漏（图 1-101）。检查、拆下湿式多片式离合器盘。

（2）检修直接档离合器总成　当充、放压缩空气（392~785kPa）时，测量直接档离合器活塞行程（图 1-102）。如果活塞行程大于规定的最大值，则检查每个组件。

图 1-101　检查前进档离合器活塞总成

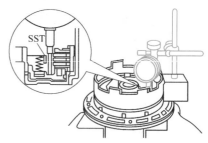

图 1-102　测量直接档离合器活塞行程

1）检查直接档离合器活塞分总成（图 1-103）。摇动直接档离合器活塞分总成，检查止回球是否自由移动。充入低压压缩空气，检查阀是否泄漏。

2）检查直接档离合器鼓分总成（图 1-104）。用百分表测量直接档离合器鼓分总成衬套内径。如果内径大于最大值，则更换直接档离合器鼓分总成。

（3）检修超速档离合器总成　摇动超速档离合器活塞分总成，检查止回球是否自由，如图 1-105 所示。充入低压压缩空气，检查阀是否泄漏，如图 1-106 所示。

图 1-103　检查直接档离合
器活塞分总成

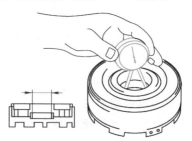

图 1-104　检查直接档离合
器鼓分总成

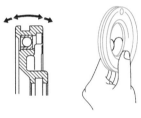

图 1-105　检查止回球

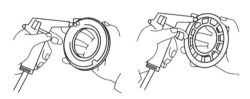

图 1-106　检查阀是否泄漏

用缸径规测量超速档离合器鼓分总成衬套内径，如图 1-107 所示。如果超过最大值，则更换超速档离合器鼓分总成。

4. 检修制动器

检修第 2 档滑行制动活塞总成，主要检查弹簧、平板垫圈和第 2 档滑行制动活塞杆。检查第 2 档滑行制动活塞杆的方法如图 1-108 所示，标准值范围为 71.4～72.9mm。即使制动带状况良好，若活塞行程不在标准值范围内，也应选择一个新的滑行制动活塞杆。

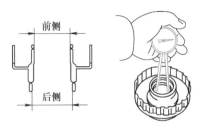

图 1-107　检查超速档离合器鼓分总成

图 1-108　检查第 2 档滑行制动活塞杆的方法

5. 检修行星齿轮总成

（1）检修前行星齿轮总成　用千分表测量太阳轮内径，如图 1-109 所示。用千分表测量前行星齿圈法兰盘分总成衬套内径，如图 1-110 所示。如果太阳轮内径大于 22.096mm，前行星齿圈法兰盘分总成衬套内径大于 19.050mm，则更换前行星齿圈法兰盘分总成。

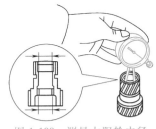

图 1-109　测量太阳轮内径

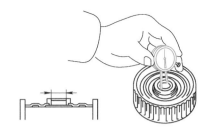

图 1-110　测量前行星齿圈法兰盘分总成衬套内径

（2）检修后行星齿轮总成

1）检查单向离合器。握住外齿圈并转动轮毂。轮毂应在逆时针时自由转动，而在顺时针转动时锁止，如图 1-111 所示。如果不正常，则更换。

2）检查超速档行星太阳轮分总成。用缸径规测量超速档行星太阳轮分总成的衬套内径，如图 1-112 所示。

3）检查超速档行星齿轮总成。用塞尺测量行星齿轮轴向间隙，如图 1-113 所示。如果间隙值大于最大值，则更换超速档行星齿轮总成。

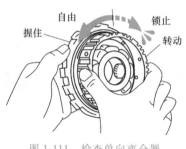

图 1-111 检查单向离合器

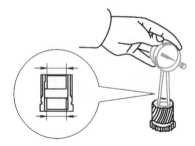

图 1-112 测量超速档行星太阳轮分总成的衬套内径

6. 检修差速器总成

检查差速器半轴齿轮间隙。当固定一个小齿轮到壳上时，测量半轴齿轮间隙，如图 1-114 所示。如果间隙超出规定范围，则安装一个止动垫圈到半轴齿轮。按照维修手册选择间隙在规定值内的止动垫圈。如果间隙不在规定范围内，则选择不同厚度的止动垫圈。

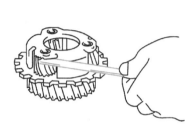

图 1-113 测量行星齿轮轴向间隙

图 1-114 检查差速器半轴齿轮间隙

7. 检修阀体总成

根据图 1-115 按照以下顺序检修，检查柱塞套管活塞，拆下变速器双向 2 号电磁阀

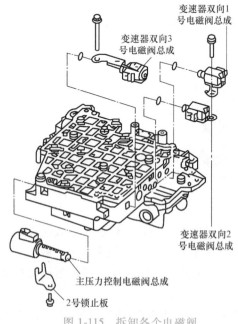

图 1-115 拆卸各个电磁阀

总成，拆下变速器双向 1 号电磁阀总成，拆下变速器双向 3 号电磁阀总成，拆下压力控制电磁阀总成。拆下螺栓、管路压力控制电磁阀总成和电磁阀锁止板。

活动四　实施电控液力自动变速器装配、复位、调整程序

装配工具

电控液力自动变速器的装配工具包括塑料锤、尖头冲子、弹性卡环钳、錾子、磁棒、压力机、成套拆装工具、游标卡尺、磁性表座、百分表、弹性张力计和塞尺。

学习信息

在清洗和检查零件程序后，将零件分为三类：可用件、待修件、更换件。按照检查结果将零件、组件装配成总成，然后恢复总成在汽车上原来的位置，再进行连接调试，使总成与汽车其他总成协调统一工作。

一、装配注意事项

1）所有密封圈、旋转件和滑动表面在装配前都要涂抹自动变速器油。

2）各螺栓应按规定的力矩拧紧。

3）一次性零件（如开口销和密封圈等）不能重复使用。

4）要更换制动器和离合器的新从动盘，必须在重装前将其在自动变速器油中至少浸泡 15min。

下面以丰田 A245E、A246E 自动传动桥为例，说明自动变速器装配、复位、调整部件的主要程序。

二、装配程序

装配基本就是拆卸的反向操作过程，装配时要严格按照维修手册规定的程序和技术规范进行。

三、复位程序

自动变速器和传动桥的复位程序应该参照维修手册来正确操作。下面列出了几个关键步骤：

1）用适当的罩子将翼子板、内饰和地毯遮盖上。确保汽车表面不被划伤，尽可能地保持车体内外干净。

2）在复位开始前，断开蓄电池电池负极电缆线，避免电子控制系统装置中的存储记忆被清除。

3）保护电气、电气插接器和元件，以防损坏。

4）应确保软管套入长度足够，卡箍的位置正确。

5）举升车辆。当使用千斤顶举升车辆后，应该用安全支架在规定的举升点支撑车辆，然后开始工作。此项操作应当在水平地面上进行。当拆卸变速器等沉重零部件时，

注意不要失去平衡而使其跌落。同时，注意不要让其碰到附近的零件，特别是制动管和总泵。

6）用推荐的举升工具移动和复原变速器和传动桥的位置。

7）使用干净的油盘来装螺栓和垫圈等从汽车上拆下来的零件。这将确保在复位时零件容易找到。

8）在复位时，按厂商推荐力矩拧紧螺栓。检查软管和导线是否还原到原来的位置并被很好地固定，以防额外的松动造成损坏。

9）检查汽车的清洁，确保油脂、污物已被清除。

四、调整程序

当自动变速器装回车辆原来的位置后，还需要将自动变速器与发动机等总成连接的部位进行准确调整，保证自动变速器与其他总成协调工作。

这些调整应在维修手册的指导下进行。下面介绍一些调整基本程序：

1. 检查和调整变速杆位置

当变速杆从 N 位移至其他档时，应能准确、平滑地换档，换档指示器正确指示档位。

如果换档指示器与正确档位记号没有对准，应按照下列步骤进行调整（图1-116）：

1）拧松变速杆上的旋转螺母。

2）将变速杆尽量向车辆右侧推。

3）将变速杆退回两格，至空档位置。

4）将变速杆设置于 N 位。

5）一边轻轻地将人工变速杆向 R 位一侧推，另一边拧紧旋转螺母。

2. 调整空档起动开关

如果发动机在 N 位或 P 位以外的档位能起动，有必要进行以下调整，如图1-117所示。

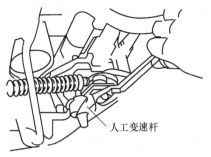

图1-116　检查和调整换档拉索

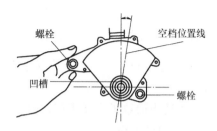

图1-117　调整空档起动开关

1）拧松空档起动开关螺母，将变速杆设定在 N 位。

2）使凹槽与空档位置线对准。

3）将空档起动开关保持定位，拧紧螺栓，拧紧力矩为 5.4N·m。

3. 加注和检查自动变速器油

1）将汽车停在平坦路面上，拉紧驻车制动器手柄。

2）加注干净的自动变速器油，直到油尺刻度到最大位置。有些厂商用冷标记和热标记，加到热水平标记位置。

3）发动机怠速运转 2min。

4）踩住制动踏板，将变速杆依次拨至倒档（P）、前进档（D）、前进低速档（S、L 或 2、1）等位置，并在每个档位上停留几秒，使液力变矩器和所有换档执行元件中都充满液压油。最后将变速杆依次拨回停车档（P）位置。

5）从加油管内拔出自动变速器油尺，将擦干净的油尺全部插入加油管后拔出，检查油尺上的油面高度。

液压油油面高度的标准如下：

① 自动变速器处于冷态（即冷车刚刚起动，液压油的温度较低，为室温或低于25℃）时，液压油油面高度应在油尺刻线的下限附近。

② 自动变速器处于热态（如低速行驶 5min 以上，液压油温度已达 70~80℃）时，油面高度应在油尺刻线的上限附近。

这是因为低温时液压油的黏度大，运转时有较多的液压油附着在行星齿轮等零件上，所以油面高度较低；高温时液压油黏度小，容易流回油底壳，因此油面高度较高。

4. 液体压力检查

5. 正确连接各电路、电子元件、传感器插座

6. 对车辆自动变速器进行性能测试

注：4、5、6 三部分内容将在单元一任务三中详细介绍。

 # 工作任务及工作页

1. 请根据教师提供的自动变速器进行拆装、清洗、检查、装配和调整。

按照表格 1-8 列出的内容，进行自动变速器维修前的准备工作。

表 1-8　自动变速器维修前的准备工作

维修前准备：	
变速器类型	
序列号	
变速器型号	
变速器修理资料名称	
清洁剂名称	
密封材料名称	
工作场所清洁	
油液状态	

2. 依据车辆的维修手册进行自动变速器拆卸。

拆卸工具：

拆卸主要流程：

_____

_____

拆卸安全注意事项：

_____

3. 请将已拆卸下来的自动变速器部件进行分解与检查，并将检查结果填写在表 1-9 中。

表 1-9　自动变速器检查数据

部件检查	可用件	待修件	更换件
前进档离合器			
离合器壳体			
离合器回位弹簧			
输入轴油封环			
离合器盘磨损			
离合器片磨损			
离合器活塞行程			
直接档离合器			
离合器壳体			
活塞行程			
离合器盘磨损			
离合器片磨损			
离合器回位弹簧			
止逆球阀			
密封圈			
弹簧			
卡环			
第 2 档滑行制动带总成			
湿式多片制动活塞油封			
滑行制动活塞杆长度			
湿式多片制动活塞卡环			
制动带磨损			
超速档离合器总成			
法兰盘卡环			
离合器壳体			
离合器活塞			
离合器活塞 O 形圈			
离合器盘磨损			

（续）

部件检查	可用件	待修件	更换件
离合器片磨损			
离合器鼓衬套内径			
离合器回位弹簧			
密封圈			
第 2 档制动活塞总成			
制动活塞壳体			
制动活塞 O 形圈			
制动活塞卡环			
前行星齿轮机构			
太阳轮和内径			
输入轴卡环			
行星齿圈法兰盘衬套内径			
法兰盘卡环			
行星架			
行星轮			
轴承			
单向离合器和后行星齿轮机构			
单向离合器转动			
单向离合器卡环和座圈			
行星齿圈			
行星架			
行星轮			
后行星齿轮法兰盘卡环			
中间轴			
中间轴油封			
副轴和超速行星齿轮机构			
超速档行星太阳轮衬套内径			
副轴起动力矩			
超速档行星齿轮孔卡环			
超速档行星齿轮轴向间隙			
超速档输入轴滚针轴承与卡环			
差速器小齿轮			
副轴隔套			
超速档行星齿圈			
主动齿轮前滚锥轴承			
轴承			
壳体			

（续）

部件检查	可用件	待修件	更换件
前差速器总成			
差速器壳体			
副轴主动齿轮轴承差速器半轴齿轮间隙			
止动垫圈			
差速器齿圈			
变矩器			
变矩器壳体			
变矩器单向离合器			
测试驱动盘偏摆			
测量变矩器毂偏摆			
检查齿圈			
油泵			
泵体壳			
泵体间隙			
顶部间隙			
油泵盖衬套内径			
导轮轴总成			
前油封			
从动齿轮			
离合器鼓止动垫圈			
离合器鼓油封环			
安全阀			
弹簧			
滤清器			
液压阀体总成			
阀体			
油管			
电磁阀			
密封圈			
密封垫			
第一调节阀			
第二调节阀			
手动阀			
换档阀			
锁止信号阀			
锁止继动阀			

（续）

部件检查	可用件	待修件	更换件
储能减振器控制阀			
弹簧			
锁片、销子			
螺母和螺栓			
油底壳			
线束			
检查结论 更换零件名称和数量			

4. 请将已拆卸检查和更换的自动变速器部件进行装配与调整，并将数据填写在表 1-10 中。

表 1-10　自动变速器装配与调整数据

装配检测部件	标准值	检测值	合格	不合格
主动齿轮预载的起动力矩				
超速档制动安装间隙				
超速档离合器总成高度				
超速档离合器活塞行程				
超速档轴承和座圈直径				
副轴从动齿轮推力滚针轴承直径				
副轴端部窜动				
第 1 档和倒车档制动器轴承和座圈直径				
第 1 档和倒车档制动器安装间隙				
第 2 档制动器安装距离				
前行星齿圈轴承和座圈直径				
输入轴轴承和座圈直径				
第 2 档滑行制动器活塞行程				

5. 对装配自动变速器或自动驱动桥进行调整，并将调整的情况填写在表 1-11 中。

表 1-11　自动变速器在车辆上复位状况记录

车辆型号：	车辆牌照：	
变速器型号：		
调整状况良好	是	不是
较好的变速性能		
软管连接：		
冷却器工作良好，没有泄漏		
真空管工作良好，没有泄漏		
变速器油液位正常，无泄漏		
发动机起动		
N 或 P 位起动		
其他档位起动		
完成情况		

任务三 实施电控液力自动变速器故障诊断程序

任务学习目标

通过本任务的学习，学生应该具有依据维修手册诊断电控液力自动变速器和自动传动桥故障的能力。其职业目标和专业素养具体表现为：

1）掌握自动变速器和自动传动桥故障诊断分析步骤。

2）完成自动变速器和自动传动桥的基本检查程序。

3）完成自动变速器电子控制系统故障诊断程序。

4）完成自动变速器和自动传动桥的机械系统测试程序。

学生职业素养关键能力表现为：

1）计划电控自动变速器故障诊断工作，充分利用时间和资源，区分重点和监督自己工作。

2）专注耐心，准确诊断电控自动变速器故障和灵活地解决问题的能力。

3）自觉遵守维修技术标准和安全操作规范。

4）自觉运用安全工作条例开展维修工作。

5）在团队工作中，理解和响应顾客需求，积极与他人有效互动，共同完成工作目标。

6）应用数学思想和方法能力。根据测量、计算误差，建立质量检验的基本概念。

7）应用技术能力。在维修电控自动变速器过程中，应用工具、测量仪器、数字显示测量技术，填写维修作业记录、检查清单等作业文件。

活动一 认识电控液力自动变速器故障诊断步骤

学习信息

一、故障诊断分析步骤

自动变速器由变矩器、液压控制系统、行星齿轮机构和电子控制系统几大部件组成。技术人员要快速、准确地判断自动变速器中某个部件出现故障，必须具备下述 3 个条件：

1）完全了解变速器的结构和运作。

2）对用户的投诉进行分析。

3）完全了解各种故障的症状。

自动变速器故障诊断、排除步骤如图 1-118 所示。如果汽车自动变速器未按照图 1-118 的步骤进行检测，切勿将自动变速器从车上拆下，进行分解，以免浪费大量维修时间，增加不必要的维修费用。下面简单介绍故障排除分析步骤中的主要内容：

1. 问诊

问诊是故障诊断、排除的基础，仔细分析故障发生的症状，这在维修工作中是非常重要的。可以通过表 1-12 了解以下几点情况：

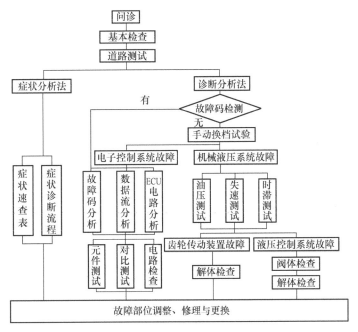

图 1-118 自动变速器故障诊断、排除步骤

1) 何种：车型及自动变速器型号。

2) 何时：发生故障的时间及次数。

3) 何地：故障产生的道路状况。

4) 如何：汽车运行条件、故障症状。

表 1-12 自动变速器故障诊断问诊表

客户姓名：	车型及年代：		车辆标识号：
自动变速器型号：	发动机型号：		里程：
事故日期：	制造日期：		检修日期：
次数	□ 连续　□ 间断　（一天的次数　　　　　）		
客户报修检查	□ 车辆不能动（□ 任何位置　□ 特殊位置）		
	□ 不能向上换档（□ 1 档→2 档　□ 2 档→3 档　□ 3 档→O/D 档）		
	□ 不能向下换档（□ O/D 档→3 档　□ 3 档→2 档　□ 2 档→1 档）		
	□ 锁止故障		
	□ 换档点太高或太低		
	□ 换档振动或滑动（□N 位→D 位　□ 锁定　□ 任何传动位置）		
	□ 噪声或振动		
	□ 无降档		
	□ 无档位模式选择		
	□ 其他		
指示灯	□ 亮		□ 不亮

2. 基本检查及调整

在很多情况下，仅仅做一些基本检查和必要的调整即可排除故障。基本检测和调整项目如下：

1）蓄电池端电压和蓄电池负荷、导线和接线桩。

2）发动机怠速。

3）自动变速器油：污染、气味、颜色。

4）节气门全开位置。

5）变速杆位置。

6）空档起动开关。

7）冷却系统的冷却液。

例如，若怠速转速高出标准值很多时，从 N 位或 P 位换至其他档位时，换档振动就会大得多。如果加速拉索调整不当（太长），即使加速踏板踩到底，节气门也不会全开，就不可能换低速档。再如，若自动变速器油液位太低，空气就会进入油泵，出现异常噪声以及其他故障。最糟的情况是，变速器甚至会锁止。

维修人员必须始终牢记：当基本检查中发现的故障排除后，才能进行下一步工作。

3. 电子控制系统故障诊断

自动变速器是在 ECU 的控制下工作的。ECU 根据各个传感器测得的信号，预先设定控制程序，向各个执行器发出相应的控制命令来控制自动变速器的工作。如果电子控制系统中的某个传感器出现故障，不能向 ECU 传送信号，或某个执行器损坏，便不能完成 ECU 的控制命令，直接影响 ECU 对自动变速器的控制，使变速器不能正常工作。为此，在 ECU 内设有专门的自诊断电路和失效保护功能，它在汽车行驶过程中，不停地监测自动变速器电子控制系统中所有的传感器和执行器的工作情况。

（1）故障码检查　当自动变速器电控系统内发生故障时，仪表板上的故障指示灯亮，通过故障灯即可读取故障码。每一个故障码表示一种故障发生部位的电路回路。

（2）手动换档试验　如果没有故障码存在，则通过手动换档测试的基本手段确定故障发生在电路中还是机械故障。手动换档试验是人为地使自动变速器脱离 ECU 的控制，由测试人员手动进行各档位的试验。因为自动变速器都有安全失效保护功能，即当电控系统出现故障时，自动变速器还能用某些档来行驶，而且变速杆在不同位置时可以获得对应的档位。

（3）数据流分析　数据流分析是利用 ECU 诊断仪的数据流功能进行故障分析的方法。数据流分析不仅可以显示数据、数据图形，还可以记录试验过程，以便分析故障。

（4）ECU 电路分析　ECU 电路分析是利用示波器、万用表等在线式电路分析仪对 ECU 电路故障进行故障分析。ECU 电路分析不仅可以显示数据和波形，还可以进行数据分析、波形分析、相位分析等。

（5）故障码分析　故障码分析是根据自诊断（故障码检查）中已查明的故障码进行故障诊断，是对故障码指明故障位置进行故障排除的方法指导。

4. 机械系统测试

无论是液力控制的变速器，还是电子控制的变速器，当它们出现故障时，都需要进行 4 项性能测试，来查找变矩器、行星齿轮机构和液压控制系统的故障。

（1）道路测试 道路测试是自动变速器各项性能的综合测试。此项测试的目的是在车辆实际行驶时，通过变速档换高、低速档，检测换档点是否符合标准值，检查换档振动、打滑和异常噪声等情况，检查液力变矩器的锁定情况，检查变速杆在各位置的换档范围和发动机制动状况等。

（2）液压测试 液压测试是通过测量液压控制系统各油路的压力，来判断液压控制系统及电子控制系统各零件的功能是否正常，检查液压控制系统油泵和每个阀的运作，以及是否漏油等。工作状况测试的内容包括：系统油路压力测试，各离合器和制动器的蓄能器油压测试，各档位离合器油压测试，速控阀油压测试和节气门油压调整。

（3）失速测试 失速测试的目的是全面检查发动机和变速器（离合器和制动器的行星齿轮机构）的性能。这项测试在车辆保持不动的情况下，挂 D 位或 R 位，将加速踏板踩到底，测量发动机转速。

注意：失速测试的时间不能超过 10s。如果厂家说明书明确规定某个型号的自动变速器不能进行失速试验，则进行试验所产生的损失由维修人员赔偿。

（4）时滞测试 时滞时间是指发动机怠速运转时，将变速杆从 N 位换至 D 位或 R 位后，需要有一段短暂时间的迟滞或延时，才能使变速器完成档位的接合，这时汽车会产生一个轻微的振动。这一短暂的时间称为自动变速器换档的迟滞时间。

时滞测试是测量从 N 位换至 D 位或 R 位，直至感觉到振动所经历的时间。

这一测试的目的是根据迟滞时间的长短来判断主油路液压管路的功能，检查执行元件离合器衬层或制动器衬层的磨损是否正常。

二、故障症状分析流程

在进行初步检查和各项测试之后，如果仍然不能确定故障的原因，则应该根据症状分析流程，按照各车辆自动变速器维修手册中所列的故障诊断流程，分析、判断故障发生的部位进行检查。具体的分析参阅有关自动变速器维修手册进行操作。

总之，在开始诊断变速器故障前，应与顾客、主管和同事讨论，同时考虑两个关键点。

1）什么总成产生故障？是变速器，还是在其他总成（如发动机或制动系统）。

不能因为汽车运行缓慢就认为是变速器故障，实际上，这种情况常常与发动机转动情况有关；也可能由于汽车制动间隙调整不当而导致汽车速度缓慢。

2）如果故障确实存在于变速器中，就应该寻找故障症状作为证据。

诊断故障是在自动变速器还是在自动传动桥上，必须考虑故障是机械的、液压的还是电气方面的，还是几个方面的综合。例如，离合器松弛可能由于离合器片磨损过大，或是离合器上的液体压力过低等原因造成的。

三、预防与安全措施

当对任何车辆的自动变速器诊断和维修时，技术人员必须遵守所有规定的安全操作程序，避免任何系统带来的有意或无意的伤害，如自动变速器油达到非常高的温度并出现泄漏时，会造成人体烫伤，甚至引起爆炸。

注 意

➢ 当移动汽车存在造成人身伤害危险时，不要进行失速检查。

➢ 失速检查不应超过10s，以免变速器油温度过高和损坏零件。

➢ 测试后，马上在空档起动发动机，运转2~3min来驱散产生的热量。

➢ 当在车底下工作时，使用安全的支撑设备。

➢ 路测时要足够谨慎，因为路上的行人并不知道你在做什么。

➢ 在拆卸蓄电池前必须提取故障码。因为任何保存在RAM中的数据都会被计算机系统删掉。

➢ 当拆卸变速器时，使用适当的工具来完成拆卸工作。

➢ 当使用高压气体或在车底工作时，必须佩戴安全眼镜。

➢ 当拔出导线插接器时，注意不要损坏固定卡。当重新插入插接器时，确保插接器固定卡没有把电缆线推回，通常只把插接器装回，而不是导线。

➢ 当从导线一侧插入探针时，小心移出靠近插接器一侧的导线绝缘橡胶。

➢ 当从导线一侧插入探针时，避免在终端上施加多余的力。

➢ 当拆出、更换或移动电子控制模块时要小心。

回答下列问题

1. 自动变速器诊断故障步骤是什么？

_____

_____

_____

_____

_____

2. 需要收集什么样的信息来帮助你诊断汽车的潜在故障？

_____

_____

_____

3. 为什么说填写汽车故障诊断问诊记录是故障诊断不可缺少的组成部分？

_____

_____

4. 当出现综合故障时，应该怎样判断汽车潜在故障是由自动变速器产生的？

_____

_____

_____

_____

活动二　实施电控液力自动变速器基本检查与调整程序

 检查量具和工具

电控液力自动变速器基本检查工具包括万用表、成套拆卸工具、举升机和塞尺。

 学习信息

一、基本检测前的条件

1）发动机技术状况完好。

2）所有与自动变速器相连的总成技术状况完好。

3）制动器处于不制动状态。

考虑到学生前期具有的先前知识和技能，这里只介绍基本检查项目和调整过程。

二、基本检测内容

1. 检查蓄电池技术状况

使用万用表检测蓄电池端电压和接线桩连接情况，使用高率放电计检测蓄电池负荷。

2. 检查发动机怠速

发动机热机后，分别挂入 P 位或 N 位，关闭空调，检查怠速转速，应符合原制造厂家的规范。若怠速低，换档时容易引起车身振动或发动机熄火。若怠速高，换档时容易产生冲击和振动，并且在 D 位或 R 位时"爬行"严重。

3. 检查自动变速器油

（1）检查前的准备工作　将车辆停在水平路面上，拉紧驻车制动器手柄，将车轮固定；起动发动机，行驶 15min 或达到正常温度后怠速运转；踩下制动踏板；逐一挂入所有档位（从 P 位→L 位），在各档位时略做暂时停留，然后返回 P 位。

（2）检查自动变速器油液面和状况

1）检查自动变速器油液面。

① 自动变速器油液面高度标准。

自动变速器处于冷态：冷车刚刚起动，液压油的温度较低（室温或低于 25℃ 时），液压油液面高度应在油尺刻度的下限附近。

自动变速器处于热态：低速行驶 5min 以上，液压油温度已达到 70~80℃ 时，液面高度应在油尺刻度的上限附近。

这是因为低温时液压油黏度大，运转时有较多的液压油附着在行星齿轮等零件上，所以油面较低；高温时液压油黏度小，容易流回油底壳，因此油面较高。

② 故障带来的后果。

当油面过低时，离合器、制动器打滑，加速性能不良，润滑不良。当油面过高时，变速器溢油，控制油孔阻碍，排油不畅影响制动器和离合器的分离。

2）检查油液状况。油液的气味和颜色可以表明自动变速器的工作状况。正常自动变速器油的颜色一般为粉红色，并且无气味。如果自动变速器油呈棕色或有焦味，说明已变质（变质原因见表1-13），应立即换油。

表 1-13 自动变速器油状态与变质原因

油液状态	变质原因
油液变为深褐色或深红色	1）没有及时更换油液 2）长期重负荷运转。某些部件打滑或损坏引起变速器过热
油液中有重金属屑	离合器盘、制动器盘或单向离合器严重磨损
油尺上粘附胶质油膏	变速器油温过高
油液有烧焦气味	1）油温过高，油面过低 2）油冷却器或管路阻塞
油液从加油管溢出	油面过高或通气孔阻塞

3）检查油液泄漏。将自动变速器外壳擦干净，起动发动机热机后挂入 D 位运转一段时间。检查自动变速器外壳的泄漏情况。引起泄漏的原因是：油封、O 形圈、各种垫片破损，油管插头破裂，油管卡子松动，螺栓松动等。

4. 检查节气门位置

检查加速踏板踩到底时节气门能否全开。

5. 检查和调整变速杆位置

当变速杆从 P 位依次移至其他档位置时，检查变速杆，应能准确、平滑地换档，换档指示器应正确指定档位，检查仪表指示灯能否重新指示各个档位。

 回答下列问题

通常一个故障的产生原因有很多个，请列出产生下列每个故障症状的 3 种原因：

故障症状一：变速器油底壳漏油。

1.

2.

3.

故障症状二：发动机不是在变速杆处于 P 位或 N 位起动。

1.

2.

3.

故障症状三：变速器过热。

1.

2.

3.

活动三　实施电控液力自动变速器电子控制系统故障诊断程序

 检查量具和工具

电控液力自动变速器电子控制系统检查工具包括万用表、诊断仪、气枪和成套拆卸工具。

 学习信息

一、自诊断程序

发动机和自动变速器 ECU 配备一个内置自诊系统，它使技术人员能够简单而快速地确定自动变速器故障的部件或回路。

当 ECU 检测到 ECU 本身或驱动系统元件的故障时，仪表板上的 MIL 灯将亮。当检查到故障时，除使故障指示灯亮外，相应的故障码（DTC）将被存储在发动机 ECU 存储器中。

1. 提取故障码

下面以丰田花冠汽车自动变速传动桥（A245E 或 A246E）为例（图 1-119），说明自诊断检查故障程序。维修技师常采用故障指示灯发现系统存在故障后，使用故障诊断仪提取故障码，如图 1-120 所示，图中"P0750"为故障码（后面简称为 DTC）。

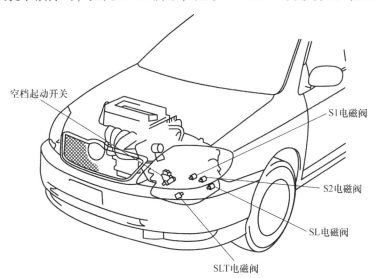

空档起动开关
S1电磁阀
S2电磁阀
SL电磁阀
SLT电磁阀

图 1-119　丰田花冠自动变速传动桥（A245E 或 A246E）电子控制系统的分布

1）检查 DTC 的初始状态。必须在蓄电池电压为 11V 以上、节气门全开、变速杆在 P 位、空调开关在 OFF 位置时才能开始检查。

2）模拟客户所述故障状态。

 注　意

DTC 等检查完毕后，点火开关应保持在 ON 位置。

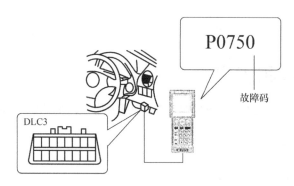

图 1-120　故障诊断仪与 DLC3 诊断插头的连接

3）模式故障状态后，用故障诊断仪检查 DTC 和定格数据等。参考表 1-14 确认 DTC 具体故障内容。

表 1-14　故障码诊断表

OBD-Ⅱ 故障码	MIL 故障码	故障诊断	故障原因
P0500	42	车速传感器故障	1）组合仪表有故障 2）组合仪表与发动机和 ECT ECU 间的配线和插接器有故障 3）发动机和 ECT ECU 有故障 4）自动变速传动桥（离合器、制动器或齿轮等）有故障
P0753	62	S1 电磁阀故障	1）自动变速器配线有故障 2）S1 电磁阀与发动机和 ECT ECU 间的配线和插接器有故障 3）S2 电磁阀与发动机和 ECT ECU 间的配线和插接器有故障 4）S1/S2 电磁阀有故障 5）发动机和 ECT ECU 有故障
P0758	63	S2 电磁阀故障	
P0773	64	SL 电磁阀故障	1）自动变速器配线有故障 2）SL 电磁阀与发动机和 ECT ECU 间的配线和插接器有故障 3）SL 电磁阀有故障 4）发动机和 ECT ECU 有故障
P1760	77	管道压力控制（SLT） 电磁阀电路故障	1）自动变速器配线有故障 2）SLT 电磁阀与发动机和 ECT ECU 间配线和插接器有故障 3）SLT 电磁阀有故障 4）发动机和 ECT ECU 有故障

 注　意

不要将点火开关拧至 OFF 位置，否则诊断系统会从检查模式转换成正常模式，同时所有 DTC 将被删除。

4）检查 DTC 后，检查相应的电路。

2. 清除故障码

通常故障码在下列 3 种情况时会被删掉：一是按照说明书步骤使用手持式故障诊断仪进行清除；二是从发动机舱 1 号继电器上拆下 EFI 熔丝 10s 或更长时间；三是关闭点火开关。

所以，如果想继续保留故障码，就需要将辅助电源装置插入点烟器中，才能避免故障码的丢失。

二、手动换档试验

从表 1-14 可以知道，造成同一个故障现象的原因有很多，因此在完成变速器基本检查、读取故障码后，需要进行手动换档试验，进一步判断故障是由机械、液压系统产生的，还是由电子控制系统产生的。

1. 断开电磁阀配线

拔下自动变速器 ECU 的插头或脱开电磁线圈配线，如图 1-121 所示，使电磁阀都处于关闭状态。

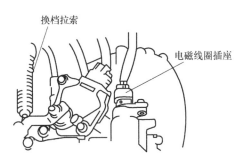

图 1-121　脱开电磁线圈配线

2. 扳动变速杆检查手动驱动操纵情况

起动发动机，将变速杆换到 R 档，此时应有倒档功能；将变速杆换到 D 档，此时应有前进档，但是换档冲击比较大，且只有 1 个档位不能上下换档。

3. 故障判断

1）若每一档位动作都正常，但接回电磁阀配线时换档不正常，则说明故障发生在电子控制系统，应按照电路图进行系统电路检查，进行电气元件检查。

2）若有一个档位动作异常，则说明故障发生在变速器机械或液压部分，包括液力变矩器、行星齿轮机构和液压控制系统，应进行性能测试。这些内容将在本单元活动四中介绍。

三、电子控制系统故障的诊断和排除

在手动档试验后，故障确认是在电子控制系统产生的，则需要按照电路工作原理图，查找故障产生的具体原因，准确地排除故障。

图 1-122 所示为丰田花冠自动传动桥电路，图 1-123 所示为丰田花冠自动传动桥 ECU 电路端子结构，表 1-15 是丰田花冠自动传动桥 ECU 检测数据表。

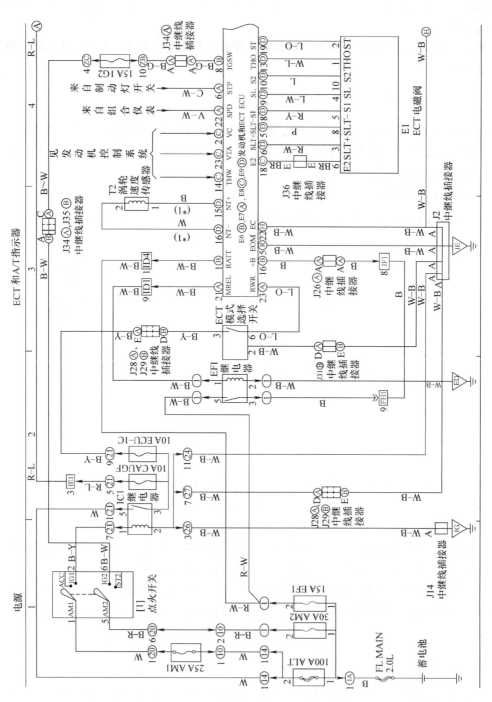

图 1-122 丰田花冠自动传动桥电路

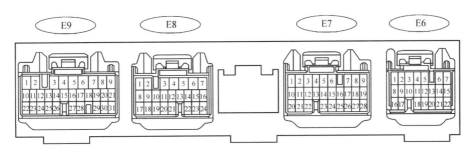

图 1-123 丰田花冠自动传动桥 ECU 电路端子结构

表 1-15 丰田花冠自动传动桥 ECU 检测数据表 （单位：V）

符号（端子号）	配线颜色	测试条件	标准值
S1（E9-8）—EI（E8-17）	红黄色—棕色 R-Y→BR	点火开关在 ON 位置	8～14
		1 档或 2 档	8～14
		3 档或 O/D 档	小于 1.5
S2（E9-20）—E1（E8-17）	蓝色—棕色 L→BR	点火开关在 ON 位置	小于 1.5
		2 档或 3 档	8～14
		1 档或 O/D 档	小于 1.5
SL（E9-9）—E1（E8-17）	蓝白色—棕色 L-W→BR	点火开关在 ON 位置	小于 1.5
		车辆在锁止位置	8～14
L（E7-12）—E1（E8-17）	淡绿黑色—棕色 SB（LG-B）→BR	点火开关在 ON 位置且变速杆在 L 位	8～14
		点火开关在 ON 位置且变速杆不在 L 位	小于 1.5
2（E7-3）—E1（E8-17）	淡绿红色—棕色 SB（LG-R）→BR	点火开关在 ON 位置且变速杆在 2 档	8～14
		点火开关在 ON 位置且变速杆不在 2 档	小于 1.5
R（E7-2）—E1（E8-17）	红黑色—棕色 SB（R-B）→BR	点火开关在 ON 位置且变速杆在 R 位	8～14
		点火开关在 ON 位置且变速杆不在 R 位	小于 1.5
NSW（E7-13）—E1（E8-17）	黑白色—棕色 SB（B-W）→BR	点火开关在 ON 位置且变速杆在 P 位或 N 位	小于 3
		点火开关在 ON 位置且变速杆不在 P 位或 N 位	8～14
SLT+（E9-6）—SLT（E9-5）	红白色—粉红色 R-W→P	点火开关在 ON 位置	8～14V
SPD（E7-22）—E1（E8-17）	紫白色—棕色 V-W→BR	点火开关在 ON 位置且慢慢转动驱动轮	脉冲电压
STP（E7-6）—E1（E8-17）	绿白色—棕色 SB（G-W）→BR	点火开关在 ON 位置且踩下制动踏板	8～14V
		点火开关在 ON 位置且松开制动踏板	小于 1.5V

1. 测试输入和输出信号

（1）测试制动信号

1）检查制动灯的工作情况，必要时修理制动灯。

① 如果怀疑开关有故障，检查制动灯开关的通断性。

② 如果怀疑电路有故障，检修电路。

2）在 DLC3 诊断插头连接车载诊断系统。接通点火开关。当踩下和松开制动踏板时，读取制动灯开关信号。观察踩动制动踏板时信号是否呈周期变化。

① 如果信号呈周期性变化，则更换电控变速器电控装置。

② 如果信号不呈周期性变化，检查和修理制动灯开关与电控变速器电控装置间的电路。

③ 如果检查电路正常，则更换电控变速器电控装置。

（2）取消超速档信号

1）找到电控变速器电控装置，接通点火开关，使用数字万用表伏特档测量电控变速器电控装置线束插头端子 OD1 与搭铁线间电压。

① 如果电压值为 4~6V，换上性能良好的电子控制装置，重新进行测试。

② 如果电压值不是 4~6V，进行下一步骤工作。

2）关闭点火开关。断开巡航控制电控装置接线束插头。接通点火开关，测量端子 OD1 与搭铁线间的电压。

① 如果电压值是 4~6V，则更换巡航控制电控装置，然后重新测试。

② 如果电压值不是 4~6V，则检查和修理巡航控制电控装置与电控变速器电控装置间的电路。

（3）电控变速器电控装置电压测试　找到电控变速器电控装置端子。接通点火开关，使用电压表测量电控变速器电控线束插头，检查选定的端子与端子 E1 间的电压，电压值应该在表 1-15 所示的指定范围内。如果不在指定值范围内，则检查和更换电控电路或电控装置。

2. 元件测试

通过上述方法查找出电控系统某些功能出现不良的现象，这时还需要继续找出是哪个传感器、电磁阀等性能不良，或电路短路、断路等原因所致，才能最后找出故障产生的原因。

（1）测试 1 号车速传感器（VSS）

1）将变速器外伸壳体上的 1 号车速传感器的电气插头断开，将电压表表笔分别与传感器输出插头相连，如图 1-124 所示。

2）抬高并支起一个汽车前轮，转动车轮，观察电压表，确保电压为 0~11V。车速里程表驱动软轴每转一圈电压变化 4 次。如果电压不按指定的要求变化，应更换车速传感器。

（2）测试 2 号车速传感器　在传感器端子间接上电压表，当将一块磁铁靠近和远离传感器时，如图 1-125 所示，电压间歇地产生，若产生的电压很低，则为正常。

（3）测试电磁阀　为了检查电磁阀的密封性，拆下怀疑出现故障的电磁阀。将蓄电池电压加到电磁阀上，把 $4.9 \times 10^5 Pa$ 的压缩空气连同蓄电池电压一起加到电磁阀上，如图 1-126 所示。

电磁阀正常状态：当接通蓄电池电压时，空气应通过电磁阀；断开蓄电池电压，空气不通过电磁阀。如果出现故障，则需更换电磁阀。

图 1-124　检查 1 号车速传感器　　　　图 1-125　检查 2 号车速传感器

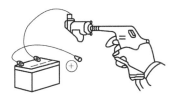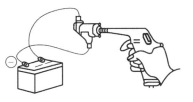

图 1-126　检查电磁阀

（4）测试空档开关（P/N 档位开关）　断开空档开关的线束插头。使用数字万用表测量与变速杆对应的端子之间是否连通。如果有故障，则更换空档开关。

（5）测试超速档开关（OD/OFF 开关）　断开变速杆上超速档开关的电气插头，使用数字万用表欧姆档检查开关松开时（关闭位）端子间是否接通。

正常状态：松开开关，电阻为无穷大；压下开关，电阻为 0。如果出现故障，则更换开关。

（6）测试制动灯开关　断开制动踏板附近制动灯开关，使用数字万用表欧姆档进行检查。

正常状态：踩下制动踏板，电阻为 0；松开制动踏板，电阻为无穷大。如果出现故障，则更换开关。

3. 清除故障码

一旦完成修理，必须清除电控变速器电控装置存储器中的故障码。

四、故障症状分析流程

故障症状分析是利用症状速查表和故障分析流程进行故障分析判断的诊断方法。这种诊断方法是根据系统的工作原理和实车的经验，直接分析判断故障点的方法。它具有简单明了、直接快速的优点，是一种从故障症状入手推断故障点的简便方法。

在实际故障诊断中，如果遇到检查诊断故障码以正常码显示而故障仍然存在时，应按照生产厂家给出的故障症状分析流程顺序检查每个症状产生的具体原因。

表 1-16 为日产风度 A32 轿车自动变速器部分症状速查表，图 1-127 所示为挂档后发动机易熄火的故障分析流程。

当决定采用这种诊断方法进行故障诊断前，需要查询车辆自动变速器维修手册的有关信息，才能快速地诊断故障。

表1-16 日产风度A32轿车自动变速器部分症状速查表

故障现象	油面高度	控制器控制线位置开关	节气门位置传感器	转速传感器及车速传感器	发动机总转速	管路油压	控制阀总成	换档电磁阀A	换档电磁阀B	管路压力电磁线圈	变矩器离合器电磁阀	超速档离合器电磁阀	油温传感器	蓄压器阀N→D	蓄压器伺服缸泄压	点火开关和起动器	变矩器	油泵	倒档离合器	高档离合器	前进档离合器	前进档单项离合器	超速档离合器	低档单向离合器	低档及倒档制动器	制动带	驻车零部件
变速驱动桥过热	1		3		2	4	6			5								⑦	⑧	⑨						⑩	
工作时自动变速器油飞溅出来，从排气管冒出白烟	1																		②	③	⑤		⑥		⑦	④	
在加油口有刺鼻的气味	1																										
变矩器不能锁止		3	1	4		6	8				7					9	②	③	④	⑤	⑦	⑧	⑨	⑥			
变矩器离合器活塞打滑	1		2			3	6				4		5				⑦										
锁止点太高或太低			1	2			4				3																
发动机在N位或P位不起动		2														1											
N位、P位以外发动机能起动		2																									
N位、P位变速器驱动桥有噪声	1		3	5		2	4				3						⑦	⑥									
汽车N位仍能行驶		1																	③		②		④				

注：1. 表中号码可按可行顺序排列，从1号开始进行检查，并逐个检查。
2. 圈中的号码表示维修该零部件时自动变速器必须从车上拆下。

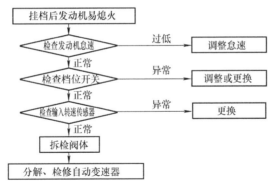

图 1-127　挂档后发动机易熄火的故障分析流程

回答下列问题

1. 驾驶人怎样确定电子控制系统 ECT ECU 出现故障？

_____

2. ECT ECU 从控制单元的内存中重新提取故障信息的方法有哪些？

_____

_____

3. 当系统故障确认后，采用何种方法确定某个元件有故障？

_____

_____

4. 如果用诊断码识别到电气元件故障，就可判定故障是由电控系统故障引起的吗？为什么？

_____

_____

活动四　实施电控液力自动变速器机械系统测试程序

检查量具和工具

电控液力自动变速器机械系统检查工具包括万用表、解码仪、秒表、油压表、气枪、举升机和成套拆卸工具。

学习信息

机械系统测试是检测自动变速器机械系统工作性能、发现故障现象和判断故障部位的最主要测试方法。机械系统测试内容包括：变速器内部的各离合器和制动器的工作状况，液压控制系统和电子控制系统的自动换档点速度是否正确，车辆行驶时自动变速器内有无异常响声，各种行驶模式时车辆的行驶性能、液压变矩器的锁定，变速杆在各位置时的换档范围和发动机制动状况等。下面对机械系统测试的 4 个测试项目进行介绍。

一、道路测试

1. 测试条件

通常道路测试需要进行约 10min，道路测试之前需要做好以下准备工作：

1）汽车具有正常行驶的技术状态。

2）选择出现故障的路面进行测试。

3）选择中等到最大限度的坡度测试汽车的爬坡能力。

4）选择安全道路进行高速测试。

5）在变速器油处于正常工作温度（50~80℃）时进行测试。

6）所有变速器的调整应符合厂商技术规范。

7）在道路测试中，应连接液压表来测试液压系统故障。

 注　意

进行道路测试前，确保测试场地避开人群和障碍物。

2. 道路测试步骤

（1）D 位测试

1）测试步骤和检查要点。换档至 D 位并将加速踏板踩到底，如图 1-128 所示。

在加速踏板踩到底的过程中，检查 D 位 1 档换 D 位 2 档、D 位 2 档换 D 位 3 档、D 位 3 档换超速档的升档过程（图 1-129）；检查 O/D 档换 3 档、3 档换 2 档、2 档换 1 档的降档过程。检查在升降档过程中各换档点是否与自动换档表符合；检查换档过程中是否有振动和打滑、异常噪声；车辆挂 D 位 O/D 档，以约 60km/h 的稳定速度行驶，检查锁止机构是否锁止，轻轻踩下加速踏板，检查发动机转速是否突然改变，如果发动机转速有很大突变，则没有锁止。

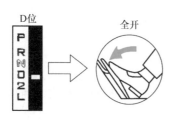

图 1-128　D 位加速踏板踩到底

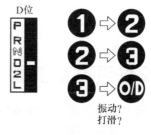

图 1-129　检查升档点

2）没有升档过程故障判断。

① 如没有 D 位 1 档换 D 位 2 档升档过程，故障原因可能为：速控液压阀有故障、1-2 档换档阀卡住。

② 如果没有 D 位 2 档换 D 位 3 档的升档过程，故障可能的产生原因：2-3 档换档阀卡住。

③ 如果没有 D 位 3 档换超速档的升档过程，故障可能的产生原因：3-4 档换档阀芯

卡住、超速档电磁阀故障。

④ 如果换档点不正确，故障可能产生原因：节气门拉索调整不当，节气门阀、1-2档换档阀、2-3档换档阀或者3-4档换档阀等故障。

3）振动打滑故障判断。如果振动过大，故障可能原因：管道压力太高、储能减振器故障、止逆球阀卡滞。

4）异常噪声故障判断。在加、减档过程中有异常噪声，可能是驱动轴、轮胎、变矩器失去平衡所致。

（2）2位测试

1）测试步骤和检查要点。变速杆移至2位，将加速踏板踩到底，检查下列事项：

① 检查升档操作。检查2位1档升2档是否发生，检查换档点是否符合自动换档图。

② 检查发动机制动。汽车在2位2档行驶时，松开加速踏板，应有发动机制动。

③ 检查加速、减速时有无异常噪声，以及换高速档、换低速档有无振动。

2）故障判断。如果发动机不制动，可能是2位2档滑行制动器故障。

（3）L位测试

1）测试步骤和检查要点。变速杆移至L位，将加速踏板踩到底，检查下列事项：

① 检查无升档。车辆在L位行驶时，检查不应该能升档到2档。

② 检查发动机制动。车辆在L位行驶时，松开加速踏板，检查有无发动机制动。

③ 检查加速、减速有无异常噪声。

2）故障判断。如果无发动机制动，可能是L位及倒车档制动器故障。

（4）R位测试　变速杆移至R位，加速踏板踩到底，检查有无打滑。

（5）P位测试　车辆停在斜坡上（5°以上），变速杆移至P位，松开驻车制动器手柄。检查驻车锁爪，使车辆保持原地不动，如图1-130所示。

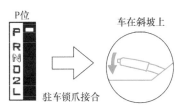

图1-130　P位驻车测试

 注　意

道路测试是用来检测潜在问题的方法，在下列情况下不推荐进行路面测试：

➢ 汽车已经没有驱动。

这可能因为变速器没有油液或油位过低，零件损坏或调整错误。当出现不正常的刺耳噪声时，也认为是没有驱动，这通常是机械失效，继续使用会导致更严重的损坏，导致更多的维修费用。

➢ 路试前就已知故障，若进行路面测试会造成零件进一步的损坏。

二、失速测试

失速测试的目的是通过测量自动变速器在D位或R位时的失速转速，来检查变速器（传动桥）和发动机的整体性能。

1. 测试条件

1）失速测试应在变速器油处于正常工作温度（50~80℃）时进行。

2）进行失速测试不能连续超过 5s。

3）为了确保安全，应在宽阔、清洁、平坦而且地面附着力良好的地方进行失速测试。

4）失速测试必须由两名技师一起进行，其中一人从车外观察车轮和车轮挡块，另一人进行失速测试。如果车轮开始转动或车轮挡块开始移动，车外人员立即发出警告。

2. 测量失速转速步骤

测量失速转速步骤如图 1-131 所示。

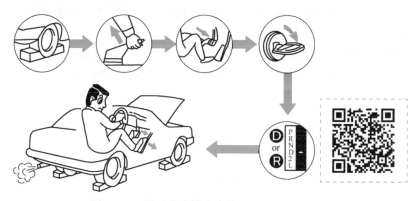

图 1-131　测量失速转速步骤

1）用垫木挡住前、后轮。

2）将转速表或诊断仪连接到车上，以便读取发动机转速。

3）完全拉起驻车制动器手柄。

4）用力踩下制动踏板并保持不动。

5）起动发动机。

6）将变速杆换至 D 位，将加速踏板踩到底，同时迅速读出发动机转速。

失速转速值：

A245E：（2460±150）r/min。

A246E：（2400±150）r/min。

7）在 R 位进行同样的测试。

失速转速值：

A245E：（2460±150）r/min。

A246E：（2400±150）r/min。

各个型号自动变速器的失速速度存在差异，需要查阅相应的车辆维修手册。

3. 测试数据分析，判断故障

（1）如果后轮不转动，失速转速在两个档位一样并且都低于规定值时，故障产生原因可能是：

1）发动机输出功率不足。

2）导轮单向离合器不能正常工作。

（2）如果失速转速在 D 位高于规定值，故障产生原因可能是

1）管道压力太低。

2）直接档离合器打滑。

3）2 号单向离合器不能正常工作。

4）超速档单向离合器不能正常工作。

（3）如果失速转速在 R 位高于规定值时，故障产生原因可能是：

1）管道压力太低。

2）倒档离合器打滑。

3）第 1 档及倒档制动器打滑。

4）超速档单向离合器不能正常工作。

（4）如果失速转速在 R 位和 D 位都高于规定值时，故障产生原因可能是：

1）管道压力太低。

2）自动变速器油液位不正确。

3）超速档单向离合器不能正常工作。

 注 意

➤ 失速测试必须是在车辆处于车辆使用说明书清楚标注的状况时才能进行。

失速测试在零件上施加了很大的载荷，比正常情况下大得多，因此会造成零部件更快的失效，造成客户更大的维修费用和不满意。

➤ 必须在制动系统良好工作状态下测试。

失速测试如果没有适当的安全措施，它在测试中就会损坏车辆，甚至危及测试人员和周围人的人身安全。

三、时滞测试

当发动机怠速运转时变速杆换档，从换档至感觉到振动之间有一个时间间隔，这个时间称为时滞。时滞测试常用于检查超速档直接离合器、前进档离合器、直接档离合器及第 1 档和倒档离合器的工作状况。

1. 测试条件

1）在变速器正常操作，自动变速器油温度为 50~80℃时测试。

2）在两次测试之间有 1min 间隔时间。

3）此项测试做 3 次，取其平均值。

2. 时滞测试的步骤

时滞测试的步骤如图 1-132 所示。

1）用垫木挡住前、后轮。

2）将转速表与点火系统连接。

3）完全拉起驻车制动器手柄。

4）起动发动机，检查怠速。

5）将变速杆从 N 位换至 D 位，用秒表测出变速杆移动后到感觉到振动的时间。

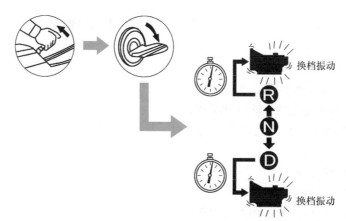

图 1-132　时滞测试的步骤

时滞应少于 1.2s。

6）以同样的方法，测出 N 位到 R 位的时滞。

时滞应少于 1.5s。

3. 测试数据分析，判断故障

（1）如果 N 位到 D 位的时滞超过规定值，原因可能是：

1）管道压力太低。

2）前进档离合器磨损。

3）超速档离合器不能正常工作。

（2）如果 N 位到 R 位的时滞超过规定值，原因可能是：

1）管道压力太低。

2）自动变速器油液面不正确。

3）直接档离合器磨损。

4）第 1 档及倒档制动器磨损。

四、液压测试

液压测试的目的是通过测试自动变速器中液压系统中各管道回路压力，以检查变速器（传动桥）液压系统的工作性能。

1. 测试条件

1）在变速器正常操作，自动变速器油温度为 50~80℃ 时测试。

2）进行管道压力测试时，必须由两名技术人员一起工作，一名在车外观察车轮和车轮挡块，另一名进行液压测试。

3）拆下变速传动桥壳后面的测试塞，连接上专用工具，如图 1-133 所示。

2. 液压测试步骤

1）完全拉起驻车制动器手柄，并用垫木挡住 4 个车轮，如图 1-134 所示。

2）起动发动机，检查急速转速。

3）预热自动变速器油。

4）连接手持式故障诊断仪至诊断接口上。

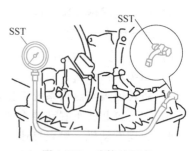

图 1-133　连接油压表

5）紧踩制动踏板，将变速杆移至 D 位。

6）在发动机怠速运转时测量管道压力。

7）将加速踏板踩到底，当发动机达到失速转速时，迅速地读出最高管道压力。

8）用同样的方法，在 R 位时测出怠速运转、失速运转时的管道压力。

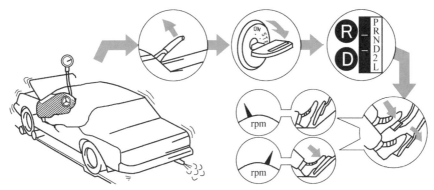

图 1-134 液压测试步骤

3. 测试数据分析，判断故障

丰田花冠 A245E 自动变速传动桥管道压力标准值 1 见表 1-17，丰田花冠 A245E 自动变速传动桥管道压力标准值 2 见表 1-18。

表 1-17 丰田花冠 A245E 自动变速传动桥管道压力标准值 1 （单位：kPa）

工作状态	D 位	R 位
怠速运转	365~405	640~760
失速转速	872~982	1564~1894

表 1-18 丰田花冠 A245E 自动变速传动桥管道压力标准值 2 （单位：kPa）

工作状态	D 位	R 位
怠速运转	365~402	640~760
失速转速	782~892	1564~1894

（1）如果各档位测量值都比标准值高，产生故障的可能原因是：

1）SLT 电磁阀故障。

2）调节器阀故障。

（2）如果各档位测试值都比标准值低，产生故障的可能原因是：

1）SLT 电磁阀故障。

2）调节器阀故障。

3）油泵故障。

4）O/D 直接档离合器故障。

（3）如果仅在 D 位上压力低，产生故障的可能原因是：

1）D 位油路液体泄漏。

2）前进档离合器故障。

（4）如果仅在 R 位上压力低，产生故障的可能原因是：

1）R 位油路液体泄漏。

2）直接档离合器故障。

3）第 1 档和倒档制动故障。

这个单元主要介绍了自动变速器（传动桥）的基本故障诊断，学习者在实际故障诊断中还应该结合具体车型的维修手册进行诊断。将查找的故障进行排除，排除的方法按照单元一中任务二的程序，进行解体、清洗、检查、维修、组装、调试，以恢复自动变速器良好的工作性能。

活动五　实施电控液力自动变速器匹配和自适应检查

 学习信息

汽车自动变速器上广泛采用 ECU 来控制各系统间有序工作，这要求自动变速器各系统之间、软件与硬件之间相互匹配。当自动变速器维修后，各系统都能单独正常工作，但一旦把它们组装成总成工作，则会出现意外故障，这些故障是由于自动变速器的电控系统与其他系统未重新"匹配'和"自适应"造成的，因此，学习和理解自动变速器的"匹配'和"自适应'在维修中具有重要作用。

一、自动变速器匹配和自适应的含义

1. 匹配和自适应的定义

所谓"匹配"简单理解就是配对，可以理解为两个或两个以上系统建立沟通所搭载的"桥梁"。当某一系统发生变化时，可以通过某种程序激活与其他系统的认识并重新建立必要的联系，ECU 软件的匹配实际上就是一种程序的激活功能或 n 个系统间的相互认识。

所谓"自适应"就是自学习，通过某些方法来完成自身系统的自学习过程。在日常生活中自适应是指生物改变自己的习性，以适应新环境的一种特征（应变能力）。因此直观地说汽车电控系统的自适应控制器（ECU 智能化），就应当是具备这样自我完善功能的一种控制器。当外界因素变化时，它能自动修正自己的控制特性，以适应控制对象和扰动因素的动态特性变化。例如，在维修自动变速器时调整了一些部件的工作间隙（如更换新的摩擦片）、更换一些密封原件等以后，控制单元必须能够适应新的信息并改变控制程序。

可以把"匹配"理解为计算机的"格式化""程序激活""清除原始记忆值"，而把"自适应"理解为"自学习"。在绝大部分新款车型中，"匹配"在前、"自适应"在后，也因此在实际维修中就出现这样的问题：维修后的自动变速器反复路试（按照自适应要求）仍然还存在换档质量的问题，这就是因为没有激活其"匹配"程序，因此无论怎样自适应都不能适应。

2. 匹配和自适应的目的

在自动变速器上，匹配和自适应的目的是补偿和修正制造上的公差以及因使用磨损而带来的变化误差。

1）控制单元控制机械元件（电磁阀）时由于元件本身在加工时存在精度上的偏差，其工作特性肯定与控制单元预期设置的理想控制数据存在差异，因此控制单元在机械元件未工作前就发出一些相关指令，并促使其按控制单元预期的理想方式运行，然后根据反馈信息实时监控。

2）由于汽车在运行时机械零件一定存在着机械磨损（如摩擦片），磨损后一些运行参数会改变，控制单元适时改变调整自身的输出数据，以符合汽车正常的运行工况。当更换了新的机械零件后，控制单元并不会知道，此时用仪器指令控制单元做一次基本数据设定，控制单元就回到最初的运行程序，并以最初的运行程序对各机械零部件重新适应，进行学习修正。

3. 匹配和自适应不良的后果

维修人员如果不知道电控自动变速器维修后需要匹配和自适应检查，故障车即便是恢复了其机械或液压功能也依然会存在一些问题。例如，一家综合修理厂更换一辆新款车型的全新自动变速器后，换档和挂档冲击感比较强，后来经过长时间的路试，最后只剩下挂前进档冲击一个故障点了，但最后还是找不到真正的原因。目前国内一些一、二类综合修理厂通常将自动变速器维修业务委托给专业自动变速器修理厂，因此就经常出现维修后的变速器交给一、二类修理厂装车以后存在一些换档品质故障，其实这些维修后的故障都与"匹配"和"自适应"有关，经过这方面的操作后都会很容易解决。

二、自动变速器匹配和自适应的方法

每个车型的自动变速器匹配和自适应方法各有不同，有些车型要求"在线匹配"，有的需要专用的设备，也有需要特殊的步骤等进行"匹配"。例如：丰田厂家的自动变速器的匹配是通过清除控制单元记忆、自适应、静态摩擦（制动停车挂档学习）和动态摩擦（路试学习）来完成的；大众/奥迪自动变速器的匹配是通过基本设定、自适应、动态摩擦（按要求路试学习）来完成的；GM 自动变速器的匹配是通过清除 TAP 数值、自适应、动态摩擦（按要求路试学习）来完成的；富康 AL4 自动变速器的匹配是通过初始化设定、自适应、动态摩擦（按要求路试学习）来完成的；奔驰、宝马自动变速器的匹配是通过重新设定（利用原厂诊断仪）、自适应、通过动态摩擦（按要求路试学习）来完成的。总之，按照规定方法对各车型的自动变速器进行匹配和自适应，才能有效地恢复自动变速器正常性能。

1. 大众 AG4 系列 01M/01N 自动变速器匹配和自适应的方法

（1）变速器基本设定的条件

1）发动机、自动变速器电控系统无故障码。

2）节气门开度小于 5%。

（2）变速器基本设定的原因

1）自动变速器换档生硬（2 档→3 档）。

2）更换过自动变速器或发动机 ECU。

（3）自动变速器基本设定的方法

1）连接 1552 输入地址码 02。

2）输入 04 进入基本调整。

3）输入 000 组号。

4）系统显示"系统处于基本调整状态"，同时将加速踏板踩到底使强制降档开关接通，并在这个位置上保持 3s。

5）退出。

6）让车辆大负荷行驶 50km。

2. 丰田 TOYOTA DARIO 特锐自动变速器记忆值初始化方法

TOYOTA DARIO 特锐自动变速器抹去记忆值和初次记录说明：当自动变速器组件差速器组件和阀门体组件（包括电磁阀）更换后，有必要抹去变速器控制 ECU 的记录值，并进行初次记录，可按照以下程序进行：

1）将终端 ECUT 与数据传输系统插接器 DLC 的终端 E 连接。

2）将点火开关置于 ON 位置并在转到 ON 位置后的 3s 内，踩下制动踏板并保持住。

说明：将点火开关置于 ON 位置不起动发动机，踩下制动踏板并保持至完成 1）和 2）的操作。

3）在 1s 内，按 P—R—P 的顺序移动变速杆。

4）重复 8 次以上操作，确保 O/D OFF 灯闪烁。

说明：按 P—R—P 的顺序移动变速杆被认为是一个单独的操作，这个操作应该在 1s 内完成。O/D OFF 完成 8 次操作之后 O/D OFF 灯快速闪烁 2.5s，表示已经抹去记录值。确认 O/D OFF 灯闪烁之后，从 DLC 的终端断开 ECUT 的连接。

客户委托和工作页

这个单元主要介绍了自动变速器（传动桥）的基本故障诊断，在实际故障诊断中还应该结合具体车型的维修手册进行诊断。

教师提供一辆装有自动变速器的汽车，按照以下程序完成测试：

1）查询、研究维修手册和诊断流程。

2）在鉴定教师监督下对变速器进行基本检查、手动换档试验、机械与液压性能测试，按照要求自己演示诊断程序。鉴定教师会向学生提出口头问题，以确定学生对测试系统性能的基础知识掌握。

3）必须填写故障诊断报告，对变速器的状况进行判断评估。

4）当学生完成这个任务并达到能力标准时，鉴定教师会同意学生进入下一个任务学习。

1. 客户委托案例（表 1-19）

表 1-19 客户委托案例

故障案例名称	故障现象
案例一 丰田佳美 2.2 轿车自动变速器换档迟缓的故障	自动变速器换档迟缓；仪表板上的自动变速器故障指示灯"O/D OFF"、发动机故障指示灯"CHECK ENGINE"不亮，但按下换档手柄上的 O/D 开关时，"O/D OFF"灯亮
案例二 丰田雷克萨斯 250 轿车自动变速器故障指示灯不亮	自动变速器"O/D"灯亮，仪表指示灯有的亮有的不亮，且自动变速器在任何档位均可起动发动机

（续）

故障案例名称	故障现象
案例三 丰田雷克萨斯 400 轿车 A341E 自动变速器无任何档位	自动变速器打滑,检修后无任何档位
案例四 01M 自动变速器所有的前进档均加速不良,怠速能缓慢移动,倒档工作正常	01M 自动变速器所有的前进档均加速不良,怠速能缓慢移动,倒档工作正常
案例五 01M 型自动变速器在 D 位正常行驶后,在制动或行驶中停车时,再次起步车辆无法行驶	01M 型自动变速器变速杆在 D 位正常行驶后,在制动或行驶中停车时,再次起步车辆无法行驶

2. 询问客户故障信息

选择 1~2 个案例,按照表 1-20 中的步骤,对报修的客户进行询问并将结果记录在表中。

表 1-20　客户故障信息询问表

客户姓名:	车型及年代:		车辆标识号:
自动变速器型号:	发动机型号:		里程:
事故日期:	制造日期:		检修日期:
次数	□连续　　□间断(一天的次数　　　　　　)		
客户报修检查	□车辆不能动(□任何位置　□特殊位置)		
	□不能向上换档(□1 档→2 档　□2 档→3 档　□3 档→O/D 档)		
	□不能向下换档(□O/D 档→3 档　□3 档→2 档　□2 档→1 档)		
	□锁止故障		
	□换档点太高或太低		
	□换档振动或滑动(□N→D　□锁定　□任何传动位置)		
	□噪声或振动		
	□无降档		
	□无档位模式选择		
	□其他		
指示灯	□亮		□不亮

3. 车辆性能基本检查与调整

按照活动二的步骤完成一个自动变速器（或自动传动桥）的基本检查和调整,并将检查数据填写在表 1-21 中。

4. 提取故障码

按照活动三的步骤完成自动变速器或传动桥进行电子控制系统诊断测试。按照维修手册规定,读取故障码,分析故障原因,将相关信息记录在表 1-22 中。

表 1-21 车辆基本检查与调整数据

自动变速器基本检查和调整报告			
检查部位	正常	不正常	情况说明
蓄电池			
电压/V			
电荷率			
电线和接线桩			
发动机怠速/(r/min)			
检查自动变速器油			
油尺刻度			
颜色			
气味			
油泥			
节气门全开位置			
变速杆位置			
空档起动开关			
冷却系统的冷却液			
变速器挂入各档位状况			

表 1-22 故障码及故障原因分析表

数据记录
读取故障码的方法
故障指示灯 □超速档指示灯 □驱动方式指示灯 □故障诊断仪 读取故障码具体步骤：

将读到的故障码填到下面,写出显示的所有系统故障

故障码数字(显示顺序)	详细故障原因

5. 手动换档试验

按照活动三的步骤完成自动变速器或驱动桥手动换档试验，将测试结果记录在下面，进一步判断故障系统部位。

1) 拔下电磁阀配线插座的换档情况：

不能向上换档：□1 档→2 档　□2 档→3 档　□3 档→O/D 档

不能向下换档：□O/D 档→3 档　□3 档→2 档　□2 档→1 档

2) 装上电磁阀配线插座的换档情况：

不能向上换档：□1 档→2 档　□2 档→3 档　□3 档→O/D 档

不能向下换档：□O/D 档→3 档　□3 档→2 档　□2 档→1 档

判断故障原因：

6. 检查电路和测试元件

按照活动三的步骤完成自动变速器或传动桥电路检查和测试元件性能，将测试数据填写在表 1-23 中。

表 1-23　电路和测试元件检查数据记录表

电气元件名称	标准值	测试值
车速传感器		
超速换档电磁阀		
空档开关		
换档电磁阀		
电路故障点部位		

结论

7. 记录测试数据

按照活动四的步骤完成自动变速器或传动桥机械液压系统性能测试，将测试数据填写在表 1-24 中，进一步诊断机械与液压系统故障部位。

8. 按步骤完成检查

按照活动五的步骤，按照维修流程，完成自动变速器或传动桥故障排除后进行车辆匹配与自适应检查。

表 1-24　自动变速器或传动桥机械液压系统性能测试记录表

失速测试		
维修手册已说明可以进行失速测试　□是　□不是		
D 位	实测值：	规定值：
R 位	实测值：	规定值：
时滞测试		
N 位→D 位	实测值	规定值
第一次测试时间		
第二次测试时间		
第三次测试时间		
平均值		
N 位→R 位	实测值	规定值
第一次测试时间		
第二次测试时间		
第三次测试时间		
平均值		
液压测试		
管道压力	实测值	规定值
R 位		
D 位		
3 档		
2 档		
1 档		
速控压力	实测值	规定值
R 位		
D 位		
3 档		
2 档		
1 档		
故障判断		
维修建议		

9. 道路测试

按照活动三的步骤完成一个自动变速器（或自动传动桥）的基本检查和调整，并将检查数据填写在表 1-25 中。

表 1-25 道路测试数据记录表

给每一个完成的测试画勾，如果有错误，在相关的框里打"×"，阴影部分不必检查

位	项目	变速质量				汽车不动	打滑	功率、加速度较差	噪声	发动机不能发动	汽车不能稳当停止	发动机没有损坏	变矩器离合器没有工作
		换档振动	换档点速度/(km/h)	没有换档	变速行程								
P 位	起动发动机												
	停止												
R 位	手动换档 P→R												
	倒档												
N 位	手动换档 P→N												
	起动发动机												
	N												
D 位	手动换档 N→D												
	1 档												
	自动换档 1→2												
	2 档												
	自动换档 2→3												
	3 档												
	自动换档 3→4												
	4 档												
	变矩器离合器"分离到锁止"												
	离合器"分离"												
	变矩器离合器"锁止到分离"												
	减速 4→3												
	换低档 3												
	减速 3→2												
	换低档 2												
	减速 2→1												
	换低档 1												
2 位	手动换档 D→2												
	2 档												
	手动换档 2→L												
L 位	手动换档 D→L												
	加速												
	L 位 发动机制动												

10. 7S 作业：作业完成后整理工具，清洁车辆、工具，将结果填入表 1-26 中。

表 1-26 7S 作业检查表

作业项目	是否完成	
整理、清洁工具	是□	否□
清洁车辆	是□	否□
清洁工作台、工作车	是□	否□
清洁地面	是□	否□
工具、车辆归位	是□	否□

 # 单元学习鉴定检查单

是否在教师的帮助下成功地完成任务学习目标所设计学习活动	
	肯定回答
专业能力	
知道自动变速器的类型、作用和组成	
知道液力变矩器、行星齿轮机构、液压控制系统的作用和工作过程	
知道电子控制系统的作用和工作过程	
知道各部件在各种自动变速器上的布置	
能进行自动变速器维修准备工作	
能进行自动变速器和自动传动桥的拆卸程序	
能进行零件清洗和检修程序	
能进行自动变速器和自动传动桥装配、复位、调试程序	
知道自动变速器和自动传动桥故障诊断分析步骤	
能进行自动变速器和自动传动桥的基本检查	
能进行自动变速器电子控制系统故障诊断	
能进行自动变速器和自动传动桥的机械系统测试	
关键能力	
根据已有的学习步骤、标准完成资料的收集、分析、组织	
标准、有效和正确地进行交流	
按计划有组织地活动，朝学习目标努力	
利用学习资源完成学习目标	
自觉遵守维修技术标准和安全操作规范，自觉运用安全工作条例开展维修工作	

完成情况

　　所有上述表格必须是肯定回答。如果不是，应咨询教师是否需要增加学习活动，以达到要求的技能

教师签字＿＿＿＿＿＿＿＿＿＿＿＿＿＿＿＿＿＿＿＿＿＿＿＿＿＿

学生签字＿＿＿＿＿＿＿＿＿＿＿＿＿＿＿＿＿＿＿＿＿＿＿＿＿＿

完成时间和日期＿＿＿＿＿＿＿＿＿＿＿＿＿＿＿＿＿＿＿＿＿＿

单元二

无级变速器维护与维修

 学习目标

通过本单元的学习，学生应该具有安全且正确地检测与维修无级变速器（CVT）的能力。其职业目标和专业素养具体表现为：

1）认识 CVT 部件的结构和工作过程。

2）完成 CVT 维修程序。

3）完成 CVT 故障诊断程序。

4）收集 CVT 维修信息和资料，能解释制造商、零件供应商提供的说明书和维修工作程序，对维修技术信息进行判断。

5）交流想法和信息能力。使用简明的语言和交流技巧，与顾客和团队成员进行交流；询问和主动倾听顾客的需求，从顾客处获得信息；口头交流向顾客说明维修方案。

6）计划 CVT 维修工作，充分利用时间和资源，区分重点和监督自己工作。

7）自觉遵守维修技术标准和安全操作规范。

8）自觉运用安全工作条例开展维修工作。

9）在团队工作中，理解和响应顾客需求，积极与他人有效互动，共同完成工作目标。

10）应用数学思想和方法能力。根据测量、计算误差，建立质量检验的基本概念。

11）应用技术能力。在维修电控自动变速器过程中，应用工具、测量仪器、数字显示测量技术，填写维修作业记录、检查清单等作业文件。

12）专注耐心，准确诊断电控自动变速器的故障、灵活地解决问题。

 单元学习资源

有关 CVT 工作原理及结构的资料，可查询文字或电子文档如下：

1）各种汽车维护手册。

2）各种介绍 CVT 结构与工作原理的书籍。

3）有关职场健康与安全的法律与法规。

4）有关危险化学物质和危险商品的相关信息。

5）汽车维修设备使用说明书和安全操作规定。

可提供学习的环境和使用的设备

1）车间或模拟车间。

2）个人防护用品、用具。

3）汽车维修设备和工具。

4）安全的工作环境和工作场所。

5）各种类型的 CVT 总成或车辆。

任务一　认识无级变速器的结构及工作过程

 任务学习目标

通过本任务的学习，学生应该认识 CVT 工作的有关知识，形成识别各工作部件的能力。其具体表现为：

1）认识 CVT 机械元件及工作过程。

2）认识 CVT 液压控制系统元件及工作过程。

3）认识 CVT 电子控制系统元件及工作过程。

4）识别各部件在 CVT 中的布置。

学生职业素养关键能力表现为：

1）收集 CVT 维修信息和资料，能解释制造商、零件供应商提供的说明书和维修工作程序，对维修技术信息进行判断。

2）交流想法和信息能力。使用简明的语言和交流技巧，与顾客和团队成员进行交流；询问和主动倾听顾客的需求，从顾客处获得信息；口头交流向顾客说明维修方案。

活动一　无级变速器概述

 学习信息

一、CVT 技术的发展概况

CVT（Continuously Variable Transmission）即无级变速器。CVT 技术的发展已有 100 多年的历史了。德国奔驰汽车公司早在 1886 年就将 V 形橡胶带式 CVT 安装到该公司生产的汽油机汽车上；1958 年，荷兰的 DAF 公司研制出 Variomatic 双 V 形橡胶带式 CVT，并装备于其制造的 Daffodil 轿车上。由于橡胶带式 CVT 存在功率有限（转矩局限于 135N·m 以下），离合器工作不稳定，液压泵、传动带和夹紧机构的能量损失较大等一系列的缺陷，因而没有被汽车行业普遍关注，后来，汽车研究人员将液力变矩器集成到 CVT 系统中，使主、从动轮的夹紧力由电子装置进行控制，在 CVT 中采用节能泵传动带，使用金属带代替传统的橡胶带，汽车新技术的进步克服了 CVT 原有的技术缺陷，传递转矩容量更大、性能更优良的第二代 CVT 面世。进入 20 世纪 90 年代，汽车界对 CVT 技术的研究开发日益重视，再加上全球科技的迅猛发展，使得新的电子技术与自动控制技术不断被采用到 CVT 中。目前，世界著名的汽车公司都已将 CVT 用到自己新推出的车型上，完成了自动变速器的技术革命。

二、CVT 的优点和缺点

CVT 与自动变速器相比具有以下优缺点。

1. CVT 的优点

CVT 具有换档时没有"顿挫"的感觉、乘坐舒适性好、传动效率高、车辆的燃油经济性好、改善驾驶人的操纵方便性、重量轻、体积小、零件少的优点。

2. CVT 的缺点

CVT 具有生产成本高、钢带承受力量有限、对钢带材料要求高、制造难度大的缺点。

三、CVT 主要部件及其动力传输

CVT 的类型不同，其结构存在一些差异，但其基本功能及工作原理基本一样。

CVT 由以下四个部件组成，其功能如下。

1）行星齿轮系统：实现前进档和倒档的转换。

2）液压控制单元：控制液压压力，改变传动链轮的直径，从而改变传动比。

3）ECU：控制电磁阀和液压控制装置，以达到最佳的行驶状态。

4）传动链变速器：通过链轮直径的变化连续改变传动比。

电子控制 CVT 主要由四大部件构成，要充分发挥自动变速器的功能，这些部件就必须协调一致，正确地工作。

四、CVT 的变速原理

CVT 采用的变速原理不同于齿轮变速器（依靠改变参与传动的齿轮对来改变传动比），它依靠改变主动带轮和从动带轮的节圆半径（金属带的工作半径）比来改变速比。

其原理为：先由 ECU 根据汽车行驶工况和节气门开度发出控制信号控制主动缸和从动缸的压力；然后通过液压油缸驱动主动带轮轴和从动带轮轴上的可移动式带轮轴向移动，从而改变主动带轮的节圆半径 r_1 和被动带轮的节圆半径 r_2，CVT 的速比 $i = r_2/r_1$。

因为节圆半径可以在其有效范围内连续变化，所以，CVT 只要合理控制主、从动带轮油缸的压力就可以在其变速范围（0.442~2.432）内连续改变速比。其变速原理如图 2-1 所示。在低速状态时，主动带轮槽宽变宽，从动带轮槽宽变窄（槽越宽带轮直径越小，槽越窄带轮直径越大），所以在低速时是小带大，形成减速增矩的作用；在高速状态时，主动带轮槽宽变窄，从动带轮槽宽变宽，在高速时是大带小，车速增加。

五、本田飞度轿车 CVT 档位选择

1. 变速杆位置说明

本田飞度轿车 CVT 变速杆共有以下 6 种位置：P = PARK（驻车）、R = REVERSE（倒档）、N = NEUTRAL（空档）、D = DRIVE（行车档）、S = SECOND（第 2 档）和 L = LOW（低速档），其档杆的位置和说明见表 2-1。不同 CVT 车辆变速杆档位数不同。由于配备有空档安全开关，所以只有在 P 位和 N 位下才可起动。

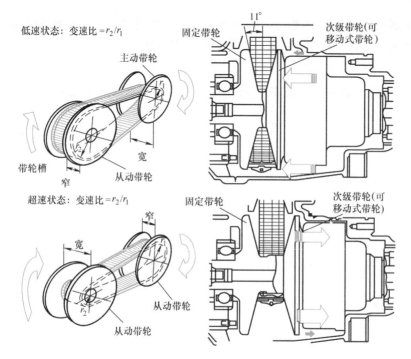

图 2-1　CVT 的工作原理图

表 2-1　变速杆的位置和相应功能说明

变速杆位置	说　　明
P（PARK）	驻车；止动爪与从动带轮轴上的驻车齿轮啮合，前轮锁定；起步离合器和前进档离合器均为分离状态
R（REVERSE）	倒档；倒档制动器工作
N（NEUTRAL）	空档；起步离合器和前进档离合器均为分离状态
D（DRIVE）	一般行车档；变速器选择进行调整，使发动机保持最佳转速，以便在所有条件下行驶
S（SECOND）	快速加速；变速器选择较宽范围的传动比，以取得更佳的加速效果
L（LOW）	发动机制动和爬坡动力性能；变速器变至最低传动比范围

2. CVT7 速模式

本田飞度的 CVT 在 D 位和 S 位下具有 7 速模式，7 速模式分为 7 速自动模式和 7 速手动换档模式两种。7 速自动模式下，变速器可以自动在 7 种带轮速比范围内上下变

换。此时，转向换档开关随时可以被激活，而此开关被激活后，7速自动模式即被取消。7速手动换档模式；在7速手动换档模式下，驾驶人可以通过转向换档开关，以手动方式在7级速比范围内加减换档。主开关（7 SPEED MODE）（A）和转向换档开关（B）的位置如图2-2所示，驾驶人可以按动开关进行模式和速度等级选择，无需将手移开转向盘。主开关和转向换档开关指示灯位置如图2-3所示。

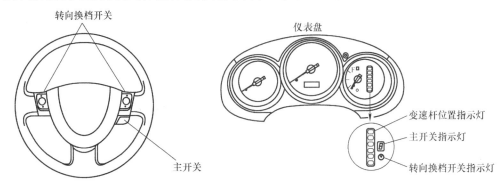

图 2-2　主开关和转向换档开关的位置　　　图 2-3　主开关和转向换档开关指示灯位置

（1）7速自动模式　以D位或S位行驶时，按下主开关（7 SPEED MODE）将变速器切换至7速自动模式，则变速器将依据一定条件，如节气门开度和车速之间的平衡，自动设定最佳速度等级。在某些以7级车速滑行的情况下，变速器将换入超速档位。如果在D位或S位下停车时切换至7速自动模式，则变速器将换入第1速度等级且车辆以第1级车速起步，换档指示器显示所选速度等级数字。

（2）7速手动换档模式　在7速自动模式下，按下转向换档开关，变速器被切换至7速手动换档模式，且转向换档开关指示灯亮。按加号（+）开关，变速器调速至下一更高速度等级；按减号（-）开关则变速器调低速，换档指示器显示所选速度等级数字。车辆以某一速度滑行时，如果调低速会导致发动机超速，则变速器将无法调低速，直至车辆达到调低速所允许的速度。此模式具有可以防止发动机超速的自动调高速区，以及使车辆平稳行驶并有更多动力准备加速的调低速区。

回答下列问题

1. 请根据教师提供的CVT或车辆，回答问题。

车辆的型号_____

CVT型号_____

CVT组成部件_____

2. 指出图2-4中工作状态时CVT中主、从动带轮位置，并说明工作过程完成表2-2。

表 2-2　低速状态和超速状态的主动带轮槽宽和从动带轮槽宽

变速状态	主动带轮槽宽	从动带轮槽宽
低速状态		
超速状态		

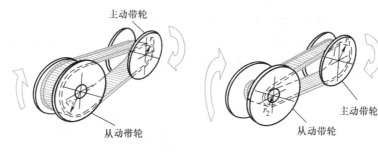

低速状态：变速比 $= r_2/r_1$　　　　超速状态：变速比 $= r_2/r_1$

主动带轮

从动带轮

主动带轮

从动带轮

图 2-4　CVT 主被动带轮的工作状态

3. 判断下面说法的正误，在后面画"×"或"√"。

1）CVT 在换档时可以连续改变传动比，所以在换档时没有"顿挫"的感觉，乘坐舒适性好。　　　　□

2）搭载 CVT 车辆的油耗和搭载 AT 车辆的油耗差不多。　　　　□

3）CVT 是钢带传递动力，所以在大排量的车型上使用比较多。　　　　□

4）CVT 的前进档和倒档的转换和手动变速器都是通过增加倒档轴来实现的。　　□

5）7 速手动换档模式下，车辆以某一速度滑行时，如果调低速会导致发动机超速，则变速器可以调至低速档位。　　　　□

6）在 P 位时，如果没有拉驻车制动器，汽车会溜车。　　　　□

4. CVT 主要由行星齿轮系统、液压控制单元、ECU 和传动链变速器四个部件组成，请说出其功用。

行星齿轮系统：_____

液压控制单元：_____

ECU：_____

传动链变速器：_____

5. 请说出 CVT 的优点和缺点。

1）优点：_____

2）缺点：_____

 完成下列任务

1. 在教师提供的车辆或 CVT 上，指出 CVT 主要组成部件的位置。

2. 在教师提供的车辆上操作变速器换档机构，识别其作用。

活动二　认识无级变速器机械部件及工作过程

 学习信息

金属带式 CVT 的机械元件主要是由换向机构、起步离合器、带轮、钢带和中间减速机构构成的。本田飞度 CVT 剖面图如图 2-5 所示。

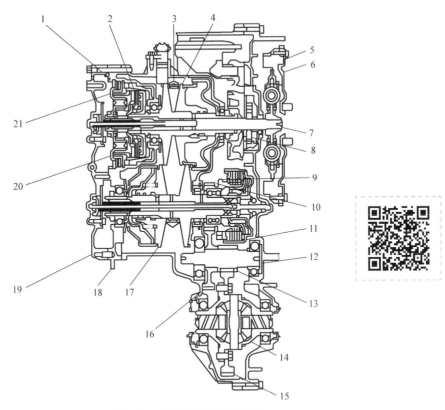

图 2-5 本田飞度 CVT 剖面图

1—倒档制动器　2—前进档离合器　3—钢带　4—主动带轮　5—飞轮　6—驱动板　7—输入轴　8—自动变速器油泵
9—驻车档齿轮　10—中间轴主动齿轮　11—起步离合器　12—主减速器主动轴　13—主减速器主动齿轮　14—差速器
15—主减速器从动齿轮　16—中间轴从动带轮　17—从动带轮　18—中间壳体　19—端盖　20—行星齿轮　21—行星架

一、换向机构

由于 CVT 是通过两个带轮来传递动力的，所以前进档和倒档的转换要通过换向机构来完成。换向机构可实现动力的平稳接合和彻底分离，并能保证汽车的前进和倒车功能。

换向机构主要用行星齿轮机构来实现前进档和倒档的转换，其结构如图 2-6 所示。

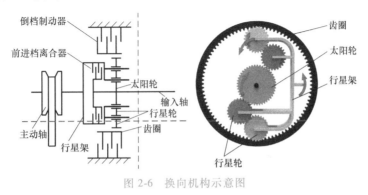

图 2-6　换向机构示意图

从图 2-6 可以看出，换向机构采用一个双级行星齿轮机构（行星齿轮机构工作原理和单元一介绍的原理相同）。太阳轮连接输入轴，行星架作为行星齿轮机构的输出，连接主动轴。前进档离合器和倒档制动器均为湿式多片式，前进档离合器连接太阳轮和行星架，倒档制动器制动内齿圈，通过锁止和释放离合器、制动器实现前进和倒退功能。离合器、制动器的接合和分离是由液压系统控制的，行星齿轮机构仅用于改变带轮轴的旋向。

1. 前进档动力传递路线

前进时，输入轴把动力传递到太阳轮，此时前进档离合器接合倒档制动器释放，前进档离合器将行星架和太阳轮接成一个整体，这时换向机构传动比为1，行星排作为一个整体运转，动力从太阳轮输入经离合器到行星架，行星架将动力传至主动带轮轴总成，输入和输出转向相同，实现前进档动力传递。

2. 倒档动力传递路线

倒档时，倒档制动器接合，前进档离合器分离，倒档制动器将内齿圈固定在变速器壳体上，当动力传至太阳轮时，由于齿圈制动，行星架实现反向运动。动力从输入轴到太阳轮，到行星轮，再到行星架传至主动带轮轴总成。输入和输出方向相反，实现倒档动力传递。

3. 空档动力传递路线

空档时，前进档离合器和倒档离合器都不接合，动力切断。

二、起步离合器

无液力变矩器的 CVT 车上设置一个起步离合器，如图 2-7 所示，起步离合器的作用是控制车辆起步加速和带档停车，也有的车用液力变矩器、电磁离合器来充当起步离合器。

本田飞度轿车起步离合器位于从动带轮轴的后端部，与中间轴主动齿轮啮合。其工作原理和单元一介绍的湿式多片离合器的原理基本相同，是通过 ECU 控制离合器的油压来控制离合器的打滑量，从而保证汽车平顺起步。

三、带轮

带轮的结构如图 2-8 所示，主动带轮和从动带轮均有一个活动面和一个固定面，两个面之间的夹角约为 22°。带轮有效传动比随时接收来自车辆各种传感器和开关的输入信号而相应变化。主动带

起步离合器

图 2-7　起步离合器

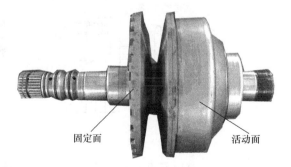

固定面　　　　活动面

图 2-8　带轮的结构

轮和从动带轮通过钢带连接。低速传动比时，从动带轮活动面上被施加高液压，增加从动带轮的有效直径，主动带轮的活动面上受到较低的液压压力，减小主动带轮的有效直径；高传动比时，主动带轮的活动面上被施加高压，增加主动带轮的有效直径，并减小从动带轮的有效直径，同时从动带轮活动面上施加较低压力，以避免钢带打滑。

四、钢带

钢带由大约数百个钢片与两根多层重叠的钢环构成，如图 2-9 所示。钢带是通过钢片的压缩作用来传递动力的。钢片为了传递动力，需要与带轮的倾斜面之间产生摩擦力，摩擦力通过以下的原理产生：①次级带轮的油压发挥作用夹紧钢片；②钢片被挤向外侧；③钢板环被拉紧；④钢板环产生张力；⑤初级带轮一侧的钢片被夹在带轮之间；⑥钢带与带轮之间产生摩擦力，即通过压缩作用传递动力的钢片与为传递动力而产生摩擦力的钢板环分别承担作用。由于钢板环的张力是由整体分散承担的，所以具有应力变化较少、持久性强的特点。

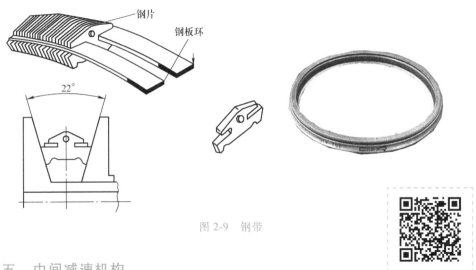

图 2-9　钢带

五、中间减速机构

因为 CVT 结构的原因，其传动比变化范围为 0.442～2.6，不能完全满足整车传动比变化范围的要求，为了满足汽车驱动力的要求，设有中间减速机构。中间减速机构通过一对啮合的齿轮来降低速度，变速器不同则减速的级数也不同。

六、各档位动力传递路线

下面以本田飞度轿车 CVT 为例介绍变速器在不同档位时的动力传递路线。

1. 驻车档（P 位）

没有液压作用于起步离合器、前进档离合器以及倒档制动器上。无动力传递至中间主动齿轮，中间主动齿轮被与驻车齿轮联锁的驻车棘爪锁定，原理如图 2-10 所示。

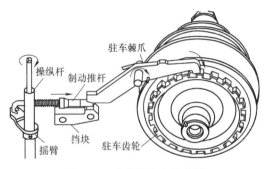

图 2-10　驻车档驻车原理图

2. 空档（N 位）

从飞轮传来的发动机动力驱动输入轴，但无液压作用于前进档离合器和倒档制动器。动力没有传递给主动带轮轴，也没有液压作用于起步离合器上。

3. 前进档（D、S 和 L 位）

前进档离合器和起步离合器上均有液压作用使前进档离合器啮合、起步离合器啮合、倒档制动器分离，动力由太阳轮驱动前进档离合器；前进档离合器驱动主动带轮轴，主动带轮轴通过钢带驱动从动带轮轴；从动带轮轴通过起步离合器驱动中间主动齿轮；动力传递至中间从动齿轮和主减速主动齿轮，而主减速主动齿轮驱动主减速从动齿轮，如图 2-11 所示。

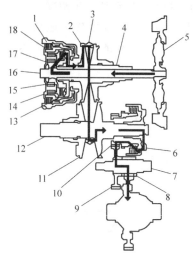

图 2-11　前进档范围动力传递路线

1—倒档制动器　2—主动带轮　3—钢带　4—主动带轮轴　5—飞轮　6—起步离合器　7—主减速器主动轴
8—主减速器从动齿轮　9—中间轴从动齿轮　10—中间轴主动齿轮　11—从动带轮　12—从动带轮轴
13—前进档离合器　14—齿圈　15—太阳轮　16—输入轴　17—行星轮　18—行星架

4. 倒档（R 位）

在液压作用下前进档离合器分离、倒档制动器啮合、起步离合器啮合，齿圈由倒档制动器锁定；输入轴驱动太阳轮，太阳轮驱动行星轮，行星轮驱动行星架沿与太阳轮相反的方向旋转；行星架通过前进档离合器鼓驱动主动带轮轴，主动带轮轴通过连接钢带驱动从动带轮轴；从动带轮轴通过起步离合器驱动中间轴主动齿轮；动力传输至中间轴从动齿轮和主减速主动齿轮，然后驱动主减速器从动齿轮。

回答下列问题

1. 判断下面说法的正误，在后面画"×"或"√"。

1）换向机构的主要作用是实现 CVT 汽车前进和倒车的转换。　　　　　□

2）双级行星齿轮机构的换向机构在前进档时，倒档制动器和前进档离合器同时工作。　　　　　□

3）双级行星齿轮机构的换向机构在倒档时，行星架固定，太阳轮输入，齿圈

输出。　　　　　　　　　　　　　　　　　　　　　　　　　　　　□

　　4）起步离合器在起步时处于滑转状态。　　　　　　　　　　　　□

　　5）CVT实现变速是靠带轮直径的变化来实现的。　　　　　　　　□

　　6）带轮的固定面和活动面之间是平行的。　　　　　　　　　　　□

　　2.为什么CVT要设置中间减速机构？

_____

　　3.请说出前进档时CVT的动力传递路线。

_____

_____

　　4.请说出倒档时CVT的动力传递路线。

_____

_____

完成下列任务

1. 识别CVT机械元件，并口述各元件的定义和工作过程。
2. 说出双级行星齿轮机构各部件的名称和工作原理。
3. 根据实物说出各档位的动力传递路线。

活动三　认识无级变速器液压系统元件及工作过程

 学习信息

　　液压控制系统通过变速器油泵、阀门和电磁阀进行控制。变速器油泵由输入轴驱动。油液从变速器油泵流经PH调节阀，以便对主动带轮、从动带轮和手动阀保持规定的压力。阀体类型包括主阀体、变速器油泵体、控制阀体以及手动阀体。

一、液压控制系统的功能

　　液压控制系统是CVT的关键组成部分之一，其系统的基本功能如下：

　　1）产生液压功能。油泵产生液压控制系统所有的油压。

　　2）改变CVT的动力传递方向。通过控制前进档离合器、倒档制动器的接合与分离，实现CVT动力传递方向的改变。

　　3）改变CVT的速比。通过接收来自ECU的指令信号，随时调整主动带轮和从动带轮的控制油压，从而使主、从动带轮的槽宽改变，实现CVT速比的变化。

　　4）产生润滑油压，通过润滑阀提供润滑油压，实现行星齿轮机构的润滑作用。

二、液压控制系统的组成

1. 油泵

　　无级变速器泵体用螺栓固定在主阀体上。如图2-12所示，为摆线转子泵，其内转子通过花键与输入轴联结，并由输入轴驱动。无级变速器油泵向PH调节阀提供液压。

2. 控制阀体

控制阀体如图 2-13 所示。控制阀体位于变速器的外部，它包括 CVT 主动带轮控制阀、从动带轮控制阀、CVT 起步离合器压力控制阀、CVT 主动带轮压力控制阀以及 CVT 从动带轮压力控制阀。

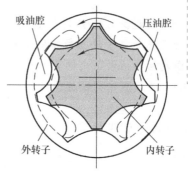

图 2-12　摆线转子泵的工作原理图

1) CVT 主动带轮压力控制阀、CVT 从动带轮压力控制阀、CVT 起步离合器压力控制阀都是由线性电磁阀和滑阀组成的，并由动力系统控制模块（PCM）控制。CVT 主动带轮压力控制阀向主动带轮控制阀提供主动带轮控制压力（DRC）；CVT 从动带轮压力控制阀向从动带轮控制阀提供从动带轮控制压力（DNC）；CVT 起步离合器压力控制阀根据节气门开度调节起步离合器的压力（SC）大小，并向起步离合器提供起步离合器压力（SC）。

2) 主动带轮控制阀对主动带轮压力进行调节，并向主动带轮提供压力；从动带轮控制阀对从动带轮压力进行调节，并向从动带轮提供压力。

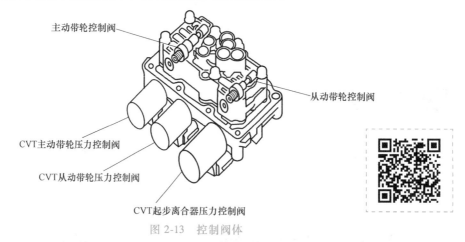

图 2-13　控制阀体

3. 主阀体

主阀体如图 2-14 所示。主阀体包括 PH 调节阀、PH 控制换档阀、离合器减压阀、换档锁定阀、起步离合器蓄能器、起步离合器换档阀、起步离合器后备阀以及润滑压力阀。

1) PH 调节阀用于保持自动变速器油泵所提供的液压，并向液压控制回路及润滑回路提供 PH 压力。

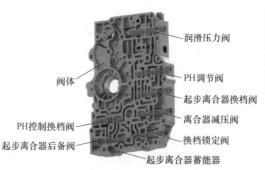

图 2-14　主阀体

PH压力是由PH调节阀根据PH控制换档阀提供的PH控制压力（PHC）进行调节的。

2）PH控制换档阀向PH调节阀提供PH控制压力（PHC），以便根据主动带轮控制压力（DRC）和从动带轮控制压力（DNC）对PH压力进行调节。

3）离合器减压阀接收来自PH调节阀的PH压力，并对离合器减压压力（CR）进行调节。

4）换档锁定阀用于切换油液通道，以便在电气系统发生故障的情况下将起步离合器控制切换到液压控制。

5）起步离合器蓄压阀对提供给起步离合器的液压具有稳定作用。

6）起步离合器换档阀，在电子控制系统发生故障的情况下，起步离合器换档阀接收换档额定压力（SI），并将润滑压力（LUB）旁路转换至起步离合器后备阀。

7）起步离合器后备阀提供离合器控制压力（CCB），以便在电子控制系统故障的情况下对起步离合器进行控制。

8）润滑阀用于稳定内部液压回路的润滑压力。

4. 手动阀体

手动阀体通过螺栓固定在中间壳体上，其结构如图2-15所示，它包括手动阀和倒档限止阀。手动阀根据变速杆位置，以机械方式开启或封闭油液通道。

倒档限止阀由倒档限止装置电磁阀提供的倒档锁定压力（RI）进行控制。当车辆以10km/h以上车速前进行驶时，倒档限止阀将截止通向倒档制动器的液压回路。

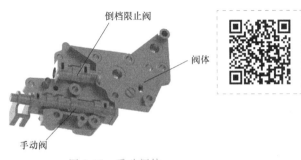

图2-15 手动阀体

三、液压控制系统的工作过程

液压流程控制图如图2-16所示。发动机旋转时，无级变速器油泵开始运转，无级变速器油通过滤清器泵入液压回路至PH调节阀，并形成PH压力，然后，PH压力传送至带轮控制阀，最终至带轮。动力系统控制模块操纵电磁阀进行液压压力控制，实现带轮传动变换以及起步离合器的接合。液压油口说明见表2-3。

表2-3 液压油口说明

油口代码	压力说明	油口代码	压力说明
CC	离合器控制	PH	高压
CCB	离合器控制B	PHC	高压控制
COL	自动变速器油冷却器	RCC	循环
CR	离合器减压	RI	倒档限止装置
DN	从动带轮	RVS	倒档制动器
DNC	从动带轮控制	RVS′	倒档制动器
DR	主动带轮	SC	起步离合器
DRC	主动带轮控制	SI	换档锁定装置
FWD	前进档离合器	X	排放
LUB	润滑	HX	高位排放
LUB′	润滑	AX	排气
LUB″	润滑		

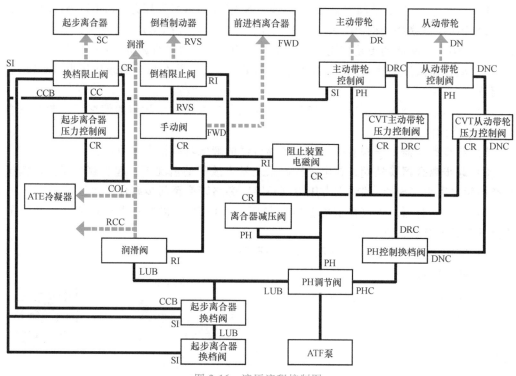

图 2-16　液压流程控制图

四、液压控制系统的工作原理

1. 不同档位液压作用情况

通过变速杆可以将手动阀置于 6 个不同位置，而采用液压方式时只有 4 个位置。

1）驻车档：手动阀阻断所有液压作用。

2）倒档：液压通过倒档限止阀作用于倒档制动器。

3）空档：手动阀阻断所有液压作用。

4）前进档、第 2 档和低速档：液压作用于前进档离合器。

2. 倒档工作原理

倒档功能受限止电磁阀的控制，限止电磁阀操纵倒档限止阀，以防止车速达到 10km/h 以上的情况下发生倒档接合。

（1）倒档制动器断开（OFF）　在车辆以大于 10km/h 的速度向前行驶时，如果选择了 R 位，PCM 将输出信号，以接通限止电磁阀，倒档限止阀右端的倒档限止装置（RI）压力即被释放。倒档限止阀向右移动到其停靠位置并封闭油口，从而阻断由手动阀通向倒档制动器的油压，倒档制动器断开，如图 2-17 所示。

（2）倒档制动器接通（ON）　在车辆以小于 10km/h 的速度向前行驶时，如果选择了 R 位，PCM 将输出信号以断开限止电磁阀，倒档限止装置（RI）压力即作用于倒档限止阀右端。倒档限止阀向左侧移动并开启油口，允许 RVS 压力进入倒档制动器；离合器减压（CR）压力变成 RVS 压力，并通过倒档限止阀作用于倒档制动器；倒档制动器接合，锁定齿圈。倒档制动器接通油路图如图 2-18 所示。

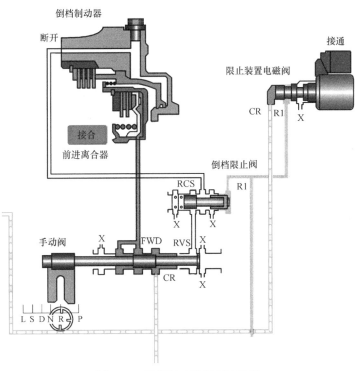

图 2-17 倒档制动器断开油路图

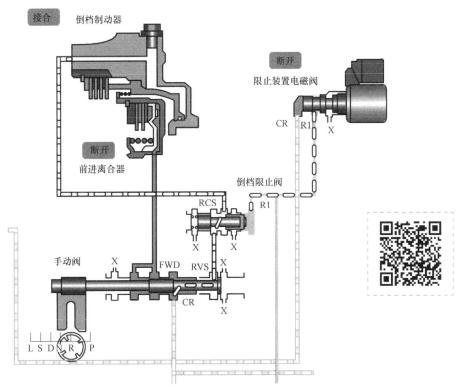

图 2-18 倒档制动器接通油路图

3. 起步离合器的工作原理

起步离合器受 PCM 控制。PCM 操纵 CVT 的起步离合器压力控制阀，向换档限止阀提供离合器控制（CC）压力。CC 压力在换档限止阀处形成起步离合器（SC）压力，然后 SC 压力作用于起步离合器，起步离合器接合，使动力传递至主减速主动齿轮。起步离合器工作油路如图 2-19 所示。

CVT 的起步离合器压力控制阀根据节气门开度调节起步离合器（SC）压力的大小，由此，可以在带档停车时产生"蠕动"效果，或者在起步加速时增加压力。此外，它还可以在正常行驶条件下，提供充足的压力。起步离合器蓄能器可以稳定施加在起步离合器上的液压压力。

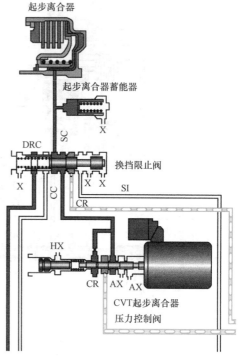

图 2-19　起步离合器工作油路

4. 带轮压力的工作原理

带轮传动比较低（车速较低）时，从动带轮受到高压作用，以使其保持大直径，而主动带轮承受低压，以保持与从动带轮成比例的直径；带轮传动比较高时（车速较高），从动带轮受到低压作用，而主动带轮被施以高压。动力传动系统模块操纵带轮压力控制阀，对施加于各带轮的最佳压力进行调节，从而保证最低的压力供给和最高的传动效率。

（1）低速范围　来自离合器减压阀的离合器减压（CR）压力，通向 CVT 主动带轮压力控制阀和 CVT 从动带轮压力控制阀；CVT 主动带轮压力控制阀将 CR 压力转为主动带轮控制（DRC）压力，并将 DRC 压力提供给 PH 控制换档阀和主动带轮控制阀。同样，CVT 从动带轮压力控制阀将从动带轮控制（DNC）压力提供给 PH 控制换档阀和从动带轮控制阀。

PCM 对 CVT 主动带轮压力控制阀和 CVT 从动带轮压力控制阀进行控制，将 DNC 压力调节至高于 DRC 压力时，从动带轮受到的从动带轮（DN）压力高于作用于主动带轮上的主动带轮（DR）压力，此时具有低带轮传动比。其液压流程图如图 2-20 所示。

（2）高速范围　车速进一步提高后，CVT 主动带轮压力控制阀和 CVT 从动带轮压力控制阀控制 DR 压力高于 DN 压力，以便相应调节 DRC 和 DNC 压力；主动带轮受到的主动带轮（DR）压力将高于施加于从动带轮的从动带轮（DN）压力；主动带轮直径增加，导致高带轮传动比；此时，液压保持不变并作用于前进档离合器和起步离合器。其液压流程如图 2-21 所示。

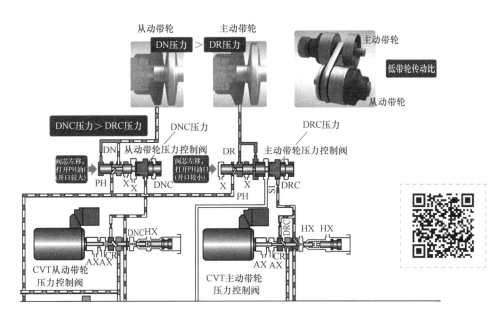

图 2-20　带轮在低速范围内工作的液压流程

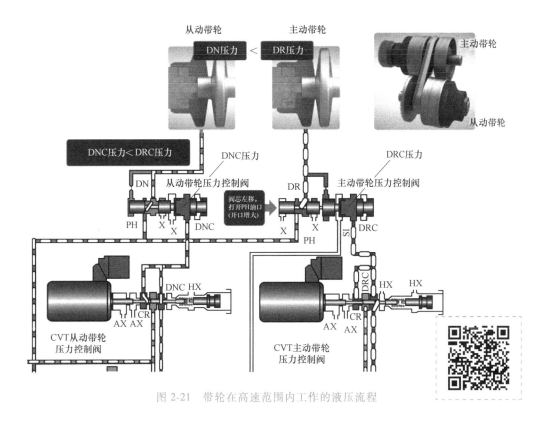

图 2-21　带轮在高速范围内工作的液压流程

回答下列问题

1. 回答下列问题。

1）CVT 液压控制系统的功能有哪些?

_____

2）请写出倒档制动器接通油路走向。

_____

3）请写出起步离合器工作液压流程。

_____

4）请写出带轮在低速范围内工作的液压流程。

_____

_____

2. 判断下面说法的正误,在后面画"×"或"√"。

1）CVT 油泵由变速器输入轴驱动,发动机起动时,油泵就开始运转。☐

2）CVT 从动带轮压力控制阀是线性电磁阀,通过改变电磁阀的电流大小可以控制 CVT 从动带轮压力的大小。☐

3）起步离合器压力控制阀根据道路的坡度调节起步离合器的压力。☐

4）PH 调节阀用于保持自动变速器油泵所提供的液压。☐

5）PH 压力的大小由 PH 控制压力调节。☐

6）换档锁定阀用于切换油液通道,在电气系统发生故障的情况下将起步离合器控制切换到液压控制。☐

7）手动阀由驾驶人控制,以开启或封闭油液通道。☐

8）只要车辆有前进速度,驾驶人要挂入倒档,变速器都不会执行。☐

9）车辆以小于 10km/h 的速度向前行驶时,如果选择了 R 位,PCM 将输出信号,以接通限止电磁阀。☐

10）CVT 能带档停车主要靠起步离合器来实现。☐

完成下列任务

1. 口述下列各零件的定义。

这些问题的目的是检查你把书本中的知识应用到实际的能力,要求不使用参考资料回答这些问题。

-摆线转子泵

-CVT 主动带轮压力控制阀

-CVT 从动带轮压力控制阀

-CVT 起步离合器压力控制阀

-PH 调节阀

2. 在拆开的阀体中指出各零部件的名称、各档位的液压油流向线路。

活动四　认识 CVT 电子控制系统元件及工作过程

 学习信息

一、CVT 电子控制系统的组成

CVT 电子控制系统主要由 CVT 控制系统（PCM）、线束、传感器以及电磁阀组成。图 2-22 所示为本田飞度轿车 CVT 电子控制系统工作原理框图。

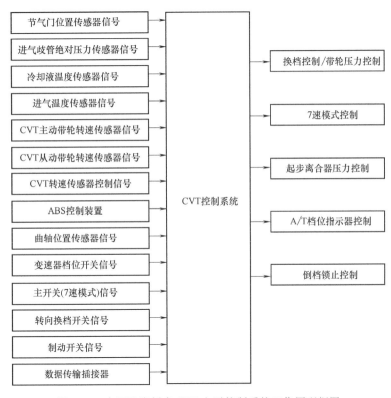

图 2-22　本田飞度轿车 CVT 电子控制系统工作原理框图

PCM 接收传感器、开关以及其他控制装置发送来的输入信号，经过数据处理后，输出用于发动机控制系统和 CVT 控制系统的信号。CVT 控制系统的控制功能包括换档控制/带轮压力控制、7 速模式控制、起步离合器压力控制、倒档锁止控制等。动力系统控制模块操纵电磁阀对变速器带轮传动比的变换进行控制。

二、CVT 电子控制系统的功能

1. 换档控制/带轮压力控制功能

动力系统控制模块（PCM）将实际行驶条件与存储的行驶条件进

行比较，以便进行换档控制，并根据各种传感器和开关传来的信号即时确定一个主、从动带轮传动比。处于 D 位和 S 位时，主动带轮通过连接钢带在 0.407~2.367 的传动比范围内以无级方式驱动从动带轮；在 R 位时，如果踩下加速踏板，传动比被设定为 1.326，如果松开加速踏板，则设定为 2.367。

带轮传动比较高时（车速较低），从动带轮受到高压作用，以使其保持大直径，而主动带轮承受低压，以保持与从动带轮成比例的直径。

带轮传动比较低时（车速较高），从动带轮受到低压作用而主动带轮被施以高压。动力系统控制模块操纵带轮压力控制阀，对施加于各种带轮的最佳压力进行调节，以减少钢带打滑，延长其使用寿命。带轮压力控制原理图如图 2-23 所示。

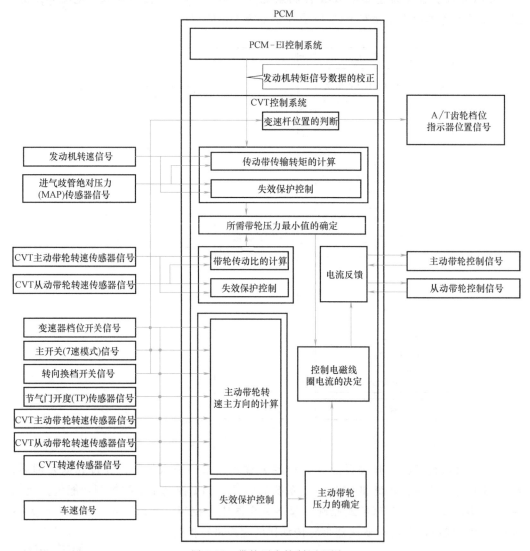

图 2-23　带轮压力控制原理图

2. 起步离合器压力控制功能

像液力变矩器一样，液压控制的起步离合器：在 D、S、L 和 R 位时，使起步和慢行趋于平稳。PCM从传感器和开关接收信号，来激励起步离合器压力控制，从而调节起步离合器的压力。

3. 起步离合器的爬行控制功能

定义：选择前进档，发动机怠速运转时，爬行控制功能将离合器设定到一个额定的打滑转矩（离合器转矩）。

意义如下：

1）当车辆处于静止状态选择前进档时，爬行控制允许不踩加速踏板，而车辆缓慢移动，因此增强了驾驶舒适性。

2）当车辆停于坡路上，制动力不足而车辆回溜时，离合器压力将增大，使汽车停住（"坡路停住"功能），提高驾驶的安全性。

3）在爬行控制模式下，实现了离合器控制匹配，优化了离合器控制。

三、CVT 电子控制系统电路

本田飞度轿车 CVT 电子控制系统电路如图 2-24 所示，请根据以下电路分析其控制过程。

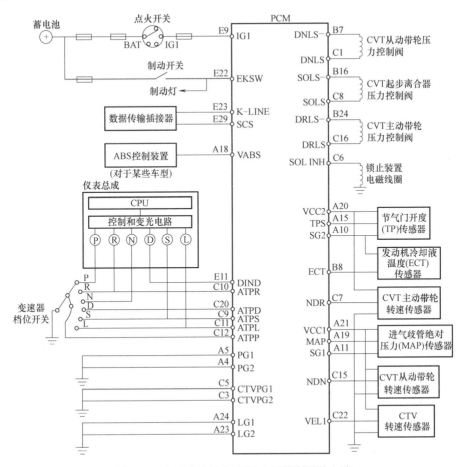

图 2-24　本田飞度轿车 CVT 电子控制系统电路

回答下列问题

1) CVT 控制系统主要有哪些控制功能？

_____

_____

_____

2) 起步离合器的爬行控制功能的意义是什么？

_____

_____

_____

任务二　实施无级变速器维修程序

 ## 任务学习目标

通过本单元的学习，学生应该具有安全而正确地维修 CVT 的能力。其职业目标和专业素养具体表现为：

1) 完成 CVT 的拆卸程序。

2) 完成 CVT 零件清洗和检修程序。

3) 完成 CVT 装配、复位和调试程序。

学生职业素养关键能力表现为：

1) 计划 CVT 维修工作，充分利用时间和资源，区分重点和监督自己工作。

2) 自觉遵守维修技术标准和安全操作规范。

3) 自觉运用安全工作条例开展维修工作。

4) 在团队工作中，理解和响应顾客需求，积极与他人有效互动，共同完成工作目标。

5) 应用数学思想和方法能力。根据测量、计算误差，建立质量检验的基本概念。

6) 应用技术能力。在维修 CVT 过程中，应用工具、测量仪器、数字显示测量技术，填写维修作业记录、检查清单等作业文件。

活动一　实施无级变速器拆卸部件程序

 ## 拆卸工具

CVT 拆卸部件的工具包括塑料锤、尖头冲子、弹性挡圈钳、錾子、磁棒、轴承拆卸器、成套拆装工具和专用工具。

 ## 学习信息

在拆卸 CVT 前的准备工作和单元一任务二的活动一完成电控液力自动变速器维修

准备工作类似，这里就不再赘述。

一、CVT 的分解

分解 CVT 的过程可参照本田飞度轿车 CVT 分解图（图 2-25）进行。

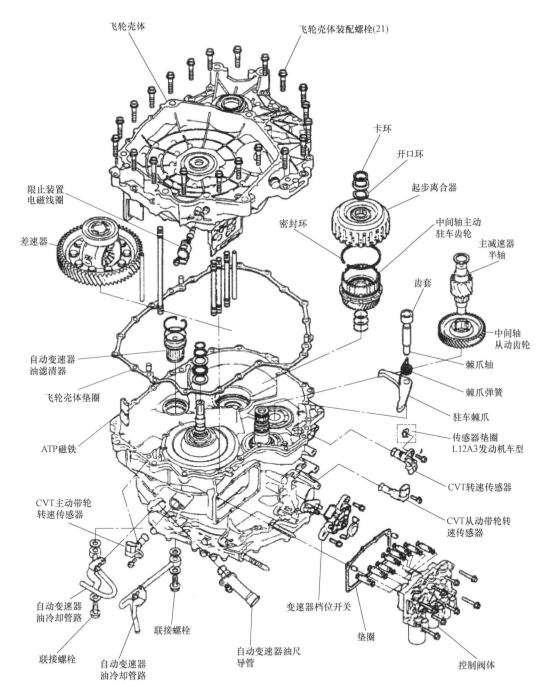

图 2-25　本田飞度轿车 CVT 分解图

1）拆卸自动变速器油冷却管。

2）拆卸自动变速器油油尺导管。

3）拆卸 CVT 主动带轮转速传感器。

4）拆卸限止装置电磁线圈。

5）拆卸变速器档位开关、CVT 转速传感器和 CVT 从动带轮转速传感器。

6）拆卸控制阀体，并拆卸自动变速器油管、定位销和垫圈。

7）拆卸紧固飞轮的 21 个螺栓，拆卸飞轮壳体、定位销和垫圈。

8）拆卸自动变速器油管。

9）拆卸差速器总成。

10）拆卸主减速器半轴，拆卸中间轴从动齿轮。

11）拆卸驻车棘爪轴和齿套，拆卸驻车棘爪弹簧和棘爪弹簧和棘爪。

图 2-26　安装专用工具

12）拆卸紧固起步离合器的卡环，拆卸开口环护圈和开口环。

13）如图 2-26 所示，将专用工具安装在起步离合器上，并牢固地将专用工具的棘爪连接到驻车档齿轮上，不要将专用工具的棘爪放到起步离合器导向器上。如果棘爪接触到离合器导向器，将会损坏离合器导向器。确认无灰尘和其他异物进入从动带轮。

14）如图 2-27 所示，借助专用工具拆卸起步离合器和中间轴主动/驻车档齿轮。

15）如图 2-28 所示，拆卸紧固输入轴，然后，从输入轴上拆卸止动垫片、止动垫圈、推力滚针轴承。

图 2-27　拆卸起步离合器和
中间轴主动/驻车档齿轮

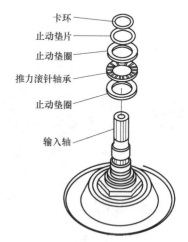

卡环
止动垫片
止动垫圈
推力滚针轴承
止动垫圈
输入轴

图 2-28　拆卸卡环

16）从起步离合器上拆卸中间主动/驻车档齿轮。

17）从中间轴主动/驻车档齿轮上拆卸卡环，并将其清洁干净；在组装变速器时，将其重新安装到新的中间轴主动/驻车档齿轮上。

18）拆卸自动变速器油磁铁，将其清洁干净并重新安装到变速器上。

19）拆卸紧固自动变速器油滤清器的卡环，拆卸自动变速器油滤清器，检查自动变速器油滤清器是否被污染。如果自动变速器油滤清器被过度污染，则将其更换。重新将自动变速器油滤清器安装到变速器上。

20）将变速器端盖朝上放置在工作台上，以防损坏输入轴。

21）如图 2-29 所示，拆卸紧固端盖的 15 个螺栓，拆卸端盖、定位销和垫圈。

22）从手动阀体上拆卸自动变速器油管。

23）拆卸手动阀体、锁止弹簧板、定位销和隔板。

24）拆卸行星齿轮架/输入轴总成，拆卸齿圈。

25）如图 2-30 所示，拆卸滚柱、中间壳体、定位销和衬垫。

26）拆卸自动变速器油滤清器和主阀体，可参照图 2-31 所示进行操作。

图 2-29　拆卸端盖

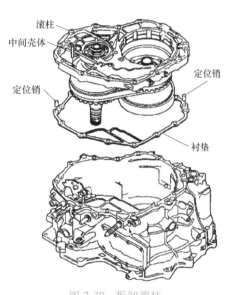

图 2-30　拆卸滚柱

① 拆卸自动变速器油管道。

② 拆卸自动变速器油滤清器。

③ 拆卸自动变速器油油路集流体、定位销和隔板。

④ 拆卸起步离合器蓄压弹簧和蓄压阀，拆卸主阀体和定位销。

⑤ 拆卸自动变速器油磁铁，将其清洁干净后重新安装到飞轮壳体上。

⑥ 更换新的 O 形密封圈，按照与拆卸相反的顺序安装所有的零件。

二、拆卸整理工作

1）准备清洗零件。变速器拆卸完毕后，准备清洗各个零件，确保零件整洁地放好，以便辨认和检查。

2）清洁拆卸后的工作场所，保证工作场所的整洁。

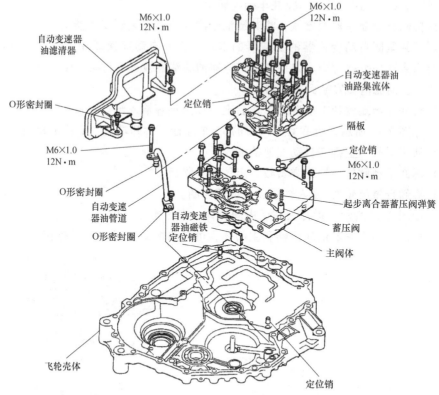

图 2-31　自动变速器油滤清器和主阀体分解图

活动二　实施无级变速器清洗、检修与装配程序

一、CVT 清洗程序

CVT 清洗程序和电控液力自动变速器清洗程序基本相同，这里不再赘述，详见单元一任务二的活动三。

二、CVT 检修程序

由于各种 CVT 零件结构设计各不相同，具体的检查项目要查询维修手册。这里仅介绍检修零件的常用方法。下面以本田飞度轿车 CVT 为例进行讲解。

1. 检查壳体总成

1）用压缩空气检查壳体上各油孔是否有堵塞。

2）检查壳体上油管是否有裂纹和泄漏。

3）检查壳体上轴承是否有裂纹划痕。

4）更换壳体上油封。

2. 检查中间轴上零件

1）检查中间轴齿轮是否有磨损、损伤、凹坑和麻点。

2）转动轴承检查转动是否灵活。

3. 检查主减速器、差速器

1）检查主减速器从动齿轮是否有磨损和损坏。

2）检查差速器座架是否有磨损和损坏。

3）检查轴承是否运转顺畅。

4）用百分表检查小齿轮的齿隙。标准为 0.05～0.15mm。如果齿隙不在标准范围内，则更换差速器座架。

4. 检测行星齿轮架间隙

使用塞尺（图 2-32）测量止动垫片与卡环之间的间隙，至少测量 3 个位置，取平均值作为实际间隙值。标准值为 0.05～0.115mm。若间隙不符合，则按规定更换垫片。

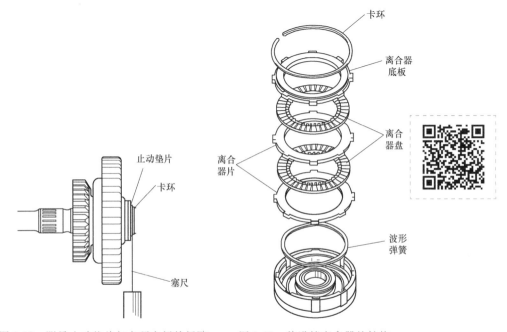

图 2-32　测量止动垫片与卡环之间的间隙　　图 2-33　前进档离合器的结构

5. 检测前进档离合器

前进档离合器的结构如图 2-33 所示，由卡环、离合器底板、离合器盘、离合器片和波形弹簧组成。

1）检测离合器盘、离合器片和离合器底板是否有磨损、损坏和褪色。若有则更换。

2）装好离合器后，检查卡环端隙（应为 7.9mm 或以上），如图 2-34 所示。

3）给油道施加空气压力，检查离合器活塞是否啮合，检查解除空气压力后活塞是否分离。

4）检查离合器盘和离合器片之间的间隙。极限值为 0.55～0.85mm。

5）检测前进档离合器。

6. 检测倒档制动器

倒档制动器的结构如图 2-35 所示。

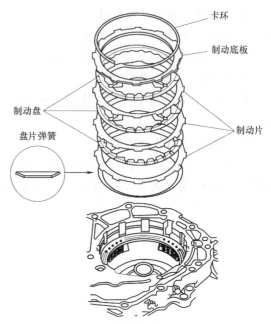

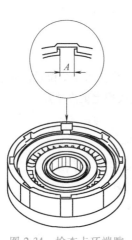

图 2-34　检查卡环端隙

图 2-35　倒档制动器的结构

1）检测制动盘、制动片和制动底板是否磨损、损坏和褪色。若有则更换。

2）在卡环自由状态下，确认卡环的内径为 134.5mm 或更大，而且卡环的端隙为 18mm 或以上。

3）检查制动盘和制动器片之间的间隙，标准值为 0.55~0.70mm。

4）给油道施加空气压力，检查倒档制动器活塞是否啮合，检查解除空气压力后活塞是否分离。

三、CVT 装配程序

CVT 的安装程序按照与拆卸相反的顺序进行，根据维修手册规定拧紧螺栓力矩，更换新的油封、O 形密封圈和滤清器。

 工作任务及工作页

1. 回答下列问题。

1）CVT 拆装所需要的工具有哪些？

_____

_____

2）拆卸 CVT 时需要遵守的安全操作规范有哪些？

_____

_____

_____

_____

2. 查阅维修手册，将 CVT 主要螺栓力矩填入下表。

螺栓	力矩	螺栓	力矩
飞轮壳体装配螺栓		端盖螺栓	
中间壳体螺栓		主阀体螺栓	

3. 在拆卸 CVT 前，参照下表填写检查 CVT 部件情况。

拆前检查	正常	不正常
CVT 外观状况		
CVT 液油状态		
现有的工作场所		
现有的工具和设备		
零件清洁设施		
易损零件(垫圈/密封套)		

4. 根据教师提供的 CVT，进行拆卸并列出 CVT 拆卸部件的主要流程。

车型：　　　　　　　　　自动变速器（自动变速桥）型号：

维修资料存放处：　　　　　　维修资料名称：

拆卸工具和设备：

主要部件流程：

注意事项：

5. 拆卸 CVT 后对主要部件进行检查，并将检查结果填入下表。

部件检查	可用件	待修件	更换件
壳体			
中间轴			
中间轴齿轮			
主减速器从动齿轮			
差速器壳体			
差速器半轴齿轮			
差速器小齿轮			
离合器片			
离合器盘			
离合器底板			

（续）

部件检查	可用件	待修件	更换件
制动片			
制动盘			
制动底板			
行星齿轮架			
太阳轮			
齿圈			

6. 将已拆卸检查和更换的自动变速器部件进行装配与调整，并将检查结果填入下表。

检测部件	标准值	检测值	合格	不合格
差速器小齿轮的齿隙				
行星架止动垫片与卡环之间的间隙				
前进档离合器卡环端隙				
前进档离合器片组间隙				
倒档制动器卡环内径				
倒档制动器端隙				
倒档制动器片组间隙				

任务三　实施无级变速器故障诊断程序

 任务学习目标

通过本任务的学习，学生应该具有依据维修手册诊断 CVT 故障的能力。其职业目标和专业素养具体表现为：

1) 完成 CVT 电子控制系统故障诊断程序。

2) 完成 CVT 油液和液压测试程序。

3) 完成 CVT 失速测试和道路测试程序。

4) 完成 CVT 匹配和自适应检查程序。

学生职业素养关键能力表现为：

1) 计划 CVT 故障诊断工作，充分利用时间和资源，区分重点和监督自己工作。

2) 专注耐心，准确诊断 CVT 故障和灵活地解决问题。

3) 自觉遵守维修技术标准和安全操作规范。

4) 自觉运用安全工作条例开展维修工作。

5) 在团队工作中，理解和响应顾客需求，积极与他人有效互动，共同完成工作目标。

6) 应用数学思想和方法能力。根据测量、计算误差，建立质量检验的基本概念。

7) 应用技术能力。在维修 CVT 过程中，应用工具、测量仪器、数字显示测量技术，填写维修作业记录、检查清单等作业文件。

活动一 认识无级变速器电子控制系统故障诊断程序

 学习信息

当动力系统控制模块（PCM）检测到输入或输出系统出现异常时，通常仪表板总成上的 D 位指示灯会闪烁。如果 D 位指示灯和故障指示灯亮，或者怀疑驾驶性能出现问题，则需要进行电子控制系统故障诊断。

一、故障诊断说明

当 CVT 系统正常工作时，变速器的各个部件都正常工作，没有阀门卡死或电磁阀故障等现象，则传感器的输入信号和执行器输出信号是正确而且有规律的。在实际检查前，首先应该与故障车辆的车主进行沟通，车主提供的相关信息对于故障诊断具有重大价值，有利于快速找到故障部位及其产生原因。

CVT 故障分为持续性故障和间歇性故障，诊断一个间歇发生的故障比诊断持续存在的故障更加困难。大部分间歇性问题是由于电路接触不良或者电路故障造成的。在这种情况下，应仔细检查可疑的电路，以免不必要地更换正常的零件。

在开始诊断前，需要对车辆进行常规检查和查阅相关的维修记录，排除 CVT 之外的故障，确保能够对故障进行正确定位。

对于 CVT 系统的故障诊断，通过目测检查方式无法准确确定故障，需要使用 CVT 故障诊断软件进行故障诊断，从而确定 CVT 系统的具体故障。

二、有故障码故障诊断流程

当故障指示灯闪烁时，说明 CVT 电子控制系统有故障，可用诊断仪按照 CVT 故障诊断软件使用说明书提取故障码、读取数据流，主要检查流程如下：

1）记录下所有燃油和排放的 DTC 以及冻结的数据。

2）如果燃油和排放的 DTC 存在，则应先按 DTC 的显示，对燃油和排放系统进行检查。

3）在清除菜单上，将 DTC 和数据清除。

4）按与冻结数据相同的工况进行试车，行驶几分钟后重新检查 DTC。如果 A/T 故障码重新出现，则转到 DTC 故障检修。如果 DTC 消除，则表明电路中存在间歇性故障。确认电路连接牢固。

通过使用 CVT 故障诊断软件完成故障检测之后，可以检测出 CVT 系统故障对应的故障码，然后查询"故障码列表"，见表 2-4，从而确定 CVT 系统的具体故障以及进行相对应的故障处理。

表 2-4 故障码列表

故障码	故障原因
P1705	变速器档位开关（搭铁短路）
P1706	变速器档位开关（断路）
P1879	CVT 起步离合器压力控制阀故障
P1882	抑制器电磁线圈故障

（续）

故障码	故障原因
P1885	CVT 主动带轮转速传感器故障
P1886	CVT 从动带轮转速传感器故障
P1887	VABS 电路故障
P1888	CVT 转速传感器故障
P1890	换档控制系统故障
P1891	起步离合器控制系统故障
P1894	CVT 主动带轮压力控制阀电路故障
P1895	CVT 从动带轮压力控制阀电路故障

三、症状的故障诊断

有些症状不会触发 DTC 或引起 D 位指示灯闪烁。如果出现 MIL 灯亮或 D 位指示灯一直闪烁，则检查 DTC。如果车辆具有表 2-5 中的症状，可按所列顺序，检查可能的原因，直到找到问题为止。

表 2-5　故障症状表

故障症状	可能原因	备注
当将点火开关置于 ON（Ⅱ）时，D 位指示灯亮并常亮，或者一直不亮	D 位指示灯电路故障	检查 D 位指示灯电路
踩下制动踏板后，无法将变速杆从 P 位移开	换档锁系统故障（联锁系统）	检查联锁系统-换档锁系统电路
变速杆位于 P 位时，点火钥匙不能从 ACC（1）位置转到 LOCK（0）位置	钥匙联锁系统故障（联锁系统）	检查联锁系统-钥匙联锁系统电路
发动机运转，但在任何档位位置，车辆都不会动	1）中间壳体总成磨损或损坏 2）带轮压力输油管损坏或失圆 3）起步离合器故障 4）起步离合器输油管损坏或失圆 5）输入轴磨损或损坏 6）2 档主动齿轮或 2 档从动齿轮磨损或损坏 7）主减速器主动齿轮或主减速器从动齿轮磨损或损坏 8）太阳轮磨损或损坏 9）锁止杆总成磨损或损坏 10）控制杆磨损或损坏 11）驻车棘爪及棘爪轴磨损或损坏 12）自动变速器油泵磨损、黏合或异物进入自动变速器油泵 13）自动变速器油液位过低 14）控制阀体总成故障 15）手动阀体故障 16）自动变速器油接头管路磨损或损坏 17）PCM 故障 18）变速器档位开关故障 19）飞轮驱动板磨损或损坏 20）飞轮总成故障 21）发动机输出功率过低	检查主动和从动带轮压力和润滑压力。压力测量值过低或没压力时，检查自动变速器油泵 检查自动变速器油液位，并检查自动变速器油冷却器管路是否泄漏，连接处是否松动。必要时，冲洗自动变速器油冷却器管路 检查 D 位指示灯，并检查电磁线圈插接器和变速器档位开关插接器是否松动

（续）

故障症状	可能原因	备注
车辆在 D、S 和 L 位不动	1)前进档离合器故障 2)倒档制动器活塞卡滞、磨损或损坏 3)太阳轮磨损或损坏 4)换档拉索断裂或无法调节 5)手动阀拉杆和锁销磨损 6)手动阀体故障 7)PCM 故障 8)变速器档位开关故障 9)发动机输出功率过低	检查前进档离合器压力 检测离合器活塞、离合器活塞检查阀和 O 形密封圈。检查弹簧座圈是否磨损和损坏。检测离合器底板至顶板之间的间隙。如果间隙超出公差范围，检查离合器盘和离合器片是否磨损或损坏。如果离合器盘和离合器片磨损或损坏，将其成套更换；如果全部正常，则调整与离合器底板之间的间隙 检查变速杆和变速器控制轴上的换档拉索是否松动 检查 D 位指示灯，并检查变速器档位开关插接器是否松动
加速或减速时，振动过大	1)中间壳体总成磨损或损坏 2)带轮压力输油管损坏或失圆 3)前进档离合器故障 4)倒档制动器故障 5)倒档制动器活塞卡滞、磨损或损坏 6)起步离合器故障 7)起步离合器底板间隙不正确 8)起步离合器输油管损坏或失圆 9)自动变速器油液位低 10)自动变速器油变质 11)阀体总成故障 12)控制阀体总成故障 13)手动阀体故障 14)自动变速器油接头管路磨损或损坏 15)PCM 故障 16)PCM 起步离合器控制系统存储器故障 17)飞轮总成故障	检查主动和从动带轮压力，以及润滑压力。压力的测量值过低或没有压力时，检查自动变速器油泵 检查前进档离合器压力 检查 D 位指示灯，并检查电磁线圈插接器是否松动 检测离合器活塞、离合器活塞检查阀和 O 形密封圈。检查弹簧座圈是否磨损和损坏。检测离合器底板至顶板之间的间隙。如果间隙超出公差范围，检查离合器盘和离合器片是否磨损或损坏。如果离合器盘和离合器片磨损或损坏，将其成套更换；如果全部正常，则调整与离合器底板之间的间隙 检查自动变速器油液位，然后检查自动变速器油冷却器管路是否泄漏，连接处是否松动。必要时，冲洗自动变速器油冷却器管路，校准起步离合器控制系统
在 D、S 和 L 位时，车辆不能在平坦路面上缓慢前进	1)中间壳体总成磨损或损坏 2)带轮压力输油管损坏或失圆 3)起步离合器故障 4)起步离合器端板间隙不正确 5)起步离合器输油管损坏或失圆 6)自动变速器油液位低 7)自动变速器油变质 8)阀体总成故障 9)控制阀体总成故障 10)手动阀体故障 11)自动变速器油接头管路磨损或损坏 12)主动和从动带轮转速传感器故障 13)CVT 转速传感器故障 14)PCM 故障 15)PCM 起步离合器控制系统存储器故障 16)飞轮总成故障	检查主动和从动带轮压力以及润滑器压力。压力的测量值过低或没有压力时，检查自动变速器油泵 检查自动变速器油液位，然后检查自动变速器油冷却器管路是否泄漏，连接处是否松动。必要时，冲洗自动变速器油冷却器管路 检查 D 位指示灯，并检查电磁线圈插接器是否松动 校准起步离合器控制系统

回答下列问题

1. 判断下面说法的正误，在后面画"×"或"√"。

1) 当故障指示灯闪烁时，说明 CVT 电子控制系统有故障。 ☐

2) CVT 只要有故障都会产生 DTC。 ☐

3) 变速杆位于 N 位时，点火钥匙不能从 ACC（1）位置转到 LOCK（0）位置。☐

4) 踩下制动踏板并打开点火开关后才能将变速杆从 P 位移出。 ☐

2. 回答下列问题。

1) CVT 故障诊断的主要流程是什么？

_____

_____

2) 车辆在 D、S 和 L 位都不动的原因是什么？

_____

_____

_____

_____

活动二 实施无级变速器性能测试程序

📖 **学习信息**

一、CVT 性能测试

1. 路试

1) 将发动机热机到正常工作温度（散热器风扇转动）。

2) 拉起驻车制动器手柄并塞住两个后轮。起动发动机，踩下制动踏板，将变速杆换至 D 位。踩下加速踏板，然后突然释放。发动机不应该失速。

3) 在 P（驻车）位进行测试：将车辆停在一个约 16°的斜坡上，使用驻车制动器，将变速杆换到 P 位。释放制动器，车辆不应该移动。

4) 将本田测试仪连接到 DLC 数据传输插接器上，然后转到 CVT 数据列表。

5) 在平坦路面上进行试车，检查发动机转速是否符合表 2-6 中节气门位置传感器电压值时发动机转速的近似值。

表 2-6　节气门位置传感器电压和发动机转速对应表

节气门位置传感器电压/V	车速/(km/h)	发动机转速/(r/min)
0.75	40	1050~1450
2.0	40	2050~2650
	60	2200~2800
	100	2800~3400
4.5	40	3900~4500
	60	4200~4800
	100	4700~5300

2. 失速测试

1）拉起驻车制动器手柄并塞住前轮。

2）将转速表连接到发动机上，起动发动机。

3）确认 A/C 开关置于 OFF 位置。

4）在发动机加热到正常工作温度（散热器风扇转动）后，将变速杆换到 D 位。

5）将制动踏板和加速踏板完全踩下，持续 6~8s，注意发动机转速。在提高发动机转速时，千万不要换档位。

6）冷却 2min，然后在 S、L 和 R 位重复测试。

7）一次失速测试不要超过 10s。进行失速测试应当只用于诊断目的。D、S、L 和 R 位的失速应该相同。安装 A/T 压力表后，禁止测试失速。

8）L15A2 型发动机车型在 D、S、L 和 R 位，技术要求：2500r/min；维修极限：2350~2650r/min。L12A3 和 L13A3 型发动机车型，技术要求：2500r/min；维修极限：2350~2650r/min。在 S 和 L 位，技术要求：3000r/min；维修极限：2800~3100r/min。

9）如果测量结果不符合维修极限，则故障现象和引起故障的可能原因见表 2-7。

表 2-7　失速故障现象和引起故障的可能原因

故障现象	故障原因
在 D、S、L 和 R 位时，失速过高	1）油位过低或自动变速器油泵输出过低 2）自动变速器油滤清器堵塞 3）PH 调节器阀卡滞 4）前进档离合器打滑 5）起步离合器故障
在 R 位时，失速过高	1）倒档离合器打滑 2）起步离合器故障
在 D、S、L 和 R 位时，失速过低	1）发动机输出过低 2）起步离合器故障 3）带轮控制阀卡滞

3. 压力测试

1）进行测试之前，确认变速器油已加注到合适位置。

2）举升车辆前部，确认车辆支撑可靠。

3）拉起驻车制动器手柄并可靠地塞住后轮。

4）拆除挡泥板。

5）让前轮能够自由转动。

6）发动机热机（散热器风扇转动），然后停止，接上转速表。

7）如图 2-36 所示，将专用工具连接到前进档离合器压力检查孔和倒档制动器检查孔上。将最大量程为 4900kPa 或更大的油压表连接到主动带轮检查孔、从动带轮检查孔和润滑压力检查孔上。

8）起动发动机。将变速杆换至 D 位，并测量 1700r/min 时前进档离合器的压力。将变速杆换至 R 位，测量 1700r/min 时倒档制动器的压力。将变速杆换至 N 位，测量 1700r/min 时主动带轮的压力和从动带轮的压力。测量在 2500r/min 时的润滑压力。维修

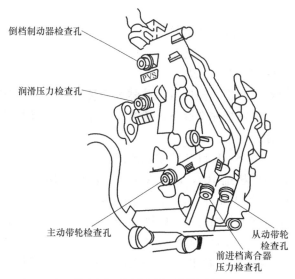

倒档制动器检查孔

润滑压力检查孔

主动带轮检查孔

从动带轮检查孔

前进档离合器压力检查孔

图 2-36 连接专用工具检查孔

极限压力见表2-8。

表 2-8 维修极限压力表

项 目	维修极限/MPa
前进档离合器的压力	1.44 ~ 1.71
倒档制动器的压力	1.44 ~ 1.71
主动带轮的压力	0.31 ~ 0.58
从动带轮的压力	0.43 ~ 0.91
润滑压力	0.27 ~ 0.40

9）将工具和油压表断开。

10）使用新的密封垫圈，安装密封螺栓，将螺栓锁紧至18N·m。禁止重新使用旧的密封垫圈。

11）如果测量结果超出维修极限，则故障和引起故障的可能原因见表2-9。

表 2-9 故障现象和引起故障的可能原因

故 障	故障原因
无前进档离合器压力或压力太低	前进档离合器密封不良
无倒档制动器压力或压力太低	倒档制动器密封不良
无主动带轮压力或压力太低	自动变速器油泵磨损 PH 调节阀故障 主动带轮控制阀失效 从动带轮控制阀失效
主动带轮压力太高	PH 调节阀卡滞 主动带轮控制阀失效 从动带轮控制阀失效 CVT 主动带轮压力控制阀失效

（续）

故　　障	故障原因
无从动带轮压力或压力太低	自动变速器油泵磨损 PH 调节阀磨损 主动带轮控制阀泄漏、卡滞 从动带轮控制阀泄漏、卡滞 CVT 从动带轮压力控制阀泄漏、卡滞
从动带轮压力太高	PH 调节阀卡滞 主动带轮控制阀失效 从动带轮控制阀失效 CTV 主动带轮压力控制阀失效
无润滑压力或压力太低	自动变速器油泵泵磨损 润滑阀磨损

二、CVT 电磁阀测试

1. CVT 起步离合器压力控制阀的测试

拆除空气滤清器壳体和进气导管。断开起步离合器压力控制阀。如图 2-37 所示，在控制阀插接器上测量 CVT 起步离合器压力控制阀的电阻，标准电阻值为 3.8~6.8Ω。

如果电阻值超出标准，则更换控制阀体。如果电阻值不符合标准，将蓄电池正极端子与 CVT 起步离合器压力控制阀插接器的端子 1 相连接，将蓄电池负极端子与端子 2 相连接。此时应该听到"咔嗒"声。如果没有听到任何声音，则拆除控制阀体，并用清洁剂彻底清洗相关的零件，然后重新检查。

2. CVT 主动带轮压力控制阀的测试

拆除空气滤清器壳体和进气导管。断开 CVT 主动带轮压力控制阀插接器。如图 2-38 所示，在控制阀插接器上测量 CVT 主动带轮压力控制阀的电阻值，标准电阻值为 3.8~6.8Ω。

如果电阻值不符合标准，检测方法和 CVT 起步离合器压力控制阀的检测方法一样。

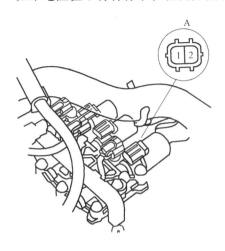

图 2-37　起步离合器压力控制阀

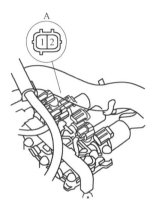

图 2-38　主动带轮压力控制阀

3. CVT 从动带轮压力控制阀的测试

拆除空气滤清器壳体和进气导管。断开 CVT 从动带轮压力控制阀插接器。如图 2-39 所示，在控制阀插接器上测量 CVT 从动带轮压力控制阀的电阻，标准电阻值为 $3.8 \sim 6.8\Omega$。

如果电阻值不符合标准，检测方法和 CVT 起步离合器压力控制阀的检测方法一样。

4. 限止装置电磁阀的测试

如图 2-40 所示，断开限止装置电磁阀插接器。在插接器端子上测量限止装置电磁阀的电阻，标准电阻值为 $11.7 \sim 21.0\Omega$。

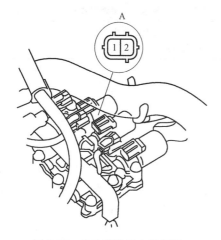

图 2-39　从动带轮压力控制阀

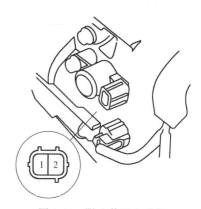

图 2-40　限止装置电磁阀

如果电阻值不符合标准，检测方法和 CVT 起步离合器压力控制阀的检测方法一样。

 回答下列问题

1. 判断下面说法的正误，在后面画 "×" 或 "√"。

1）路试前需要将发动机加热到正常工作温度。　　　　　　　　　□

2）失速测试的时间应多于 10s。　　　　　　　　　　　　　　□

3）在 R 位时，失速转速过高可能是前进档离合器故障。　　　　□

4）进行压力测试之前，应确认变速器油已加注到合适位置。　　□

2. 回答下列问题。

1）路试的主要步骤是什么？

_____

2）失速测试的主要步骤是什么？失速测试的目的是什么？

_____

3）失速测试时 D 位失速转速过高的原因是什么？所有档位的失速转速过低的原因是什么？

_____

_____

_____

_____

活动三　实施无级变速器匹配和自适应检查程序

 学习信息

CVT 汽车在完成各系统维修组装后，需要对 CVT 进行"匹配"和"自适应"检查，从而有效地恢复自动变速器正常性能。下面介绍 3 种车的匹配和自适应检查方法。

一、本田飞度轿车 CVT 车辆匹配和自适应检查方法

1. 起步离合器的校准

PCM 必须存储用于起步离合器控制的反馈信号，在出现以下任何情况时，PCM 中用于起步离合器控制的反馈信号记忆将被清除。

1）断开蓄电池端子。

2）拆卸仪表板下熔丝/继电器盒内的 20 号 ECU（15A）熔丝。

3）更换起步离合器。

4）更换控制阀体。

5）大修变速器总成。

6）更换变速器总成。

7）大修发动机总成。

8）更换发动机总成。

2. 起步离合器校准方法

在车辆停止和行驶时，有两种方法来校准起步离合器控制。

（1）车辆停止时校准步骤

1）拉起驻车制动器手柄并牢固地塞住 4 个车轮。

2）将发动机热机到正常工作温度（散热器风扇转动）。

3）确认功能正常，MIL 灯没有亮，D 位指示灯没有闪烁。

4）如果 MIL 灯亮或 D 位指示灯闪烁，检查燃油排放系统或 A/T 控制系统，然后重新检查。

5）将点火开关置于 OFF 位置。

6）将本田测试仪连接到 DLC 上。

7）按照诊断仪提示进行操作。

8）踩下制动踏板并一直踩住，直到校准结束。

9）在无负载条件下，起动发动机，打开前照灯。在校准过程中，前照灯必须亮着。

10）将变速杆换至 N 位，并换至 D、S 和 L 位，发动机起动后，在 20s 内换回 S、

D 和 N 位。变速杆应停在每个档位上。重复换档两次。

11）检查变速杆在 N 位时，D 位指示灯是否亮 1min 然后熄灭。

12）如果 D 位指示灯闪烁而没有亮，或者 D 位指示灯亮着并常亮（1min 后没有熄灭），将点火开关置于 OFF 位置，从第 6）步开始，重新执行上述步骤。

13）换档至 D 位，检查 D 位指示灯是否亮 2min 然后熄灭。

14）如果 D 位指示灯闪烁而没有亮，或者 D 位指示灯亮着并常亮（1min 后没有熄灭），将点火开关置于 OFF 位置，从第 6）步开始，重新执行上述步骤。

15）将点火开关置于 OFF 位置，直到校准结束。

16）进行试车，确认起步离合器控制系统没有故障。

（2）车辆在行驶时的校准步骤

1）将发动机热机到正常工作温度（散热器风扇转动）。

2）在无负载条件下，起动发动机，然后打开前照灯。

3）在 D 位起动发动机，驾驶车辆直到速度达到 60km/h，然后，不踩下制动踏板，在超过 5s 的时间内，使车辆减速，直到校准结束。

4）进行试车，确认起步离合器控制系统没有故障。

二、宝马迷你轿车 CVT 匹配和自适应检查方法

按照原厂 ECU GTI 的指引：

1）删除匹配值，在档位显示前面多了一个字母。

2）起动发动机挂到 N 位 10s，然后挂到 D 位 10s，再挂到 N 位 10s，再挂到 R 位 10s，挂回 P 位。

3）挂 N 位 3s，再挂 D 位 3s，重复 10 次。

4）挂 N 位 3s，再挂 R 位 3s，重复 10 次。

5）上路行车，让车速达到 80km/h，松开加速踏板让车滑行（不能踩制动踏板），直到车辆停下，再重复第 2）步；档位显示前面的字母消失，匹配完成。

很多人在做到第 5）步时就不知该怎么做了，因为还不会升档，发动机转速到了 4000~5000r/min，车速才到 30~40km/h，就不敢再跑了，匹配也就永远完成不了。

正确的方法是：发动机转速要达到 5500~6200r/min 时，车辆会有强烈的抖动，这时别放松加速踏板，会发现车速开始上升而发动机转速开始下降了，到了 80km/h 以后，发动机转速可以降到 3000r/min 以下了，这时收加速踏板让车辆滑行（不踩制动踏板）直到停止，然后制动挂 N 位 10s，挂 D 位 10s，挂回 P 位熄火，再起动车辆，维修后的变速器换档顺畅了。

三、大众汽车 01J CVT 匹配和自适应检查方法

01J CVT 匹配和自适应检查方法有以下 3 种。

1. 方法一

起动车辆使发动机与变速器达到正常工作温度，挂前进档行驶 20m，慢踩制动踏板，直至车速为 0 保持档位 10s，同时观看 10 组数据流；然后挂 R 档行驶 20m，慢踩制动踏板，直至车速为 0 保持档位，同时观看 11 组数据流，两项"OK"了，即完成自适

应学习。

2. 方法二

起动车辆使发动机与变速器达到正常工作温度。挂前进档使车速达到 70km/h 以上（手动模式要升至 6 档），然后点刹 10 次或带档停车 10s 以上；再挂倒档行驶 20m 以上，然后带档停车 10s 以上，即完成自适应学习。

3. 方法三

起动车辆使发动机与变速器达到正常工作温度。挂前进档不踩加速踏板，ECU 会提高发动机转速，使之车速提高，向前行驶 20m，慢踩制动踏板，使之车速为 0，保持档位，等待 10s，然后挂 R 位，行驶 20m，方法同前进档。

以上几种方法，不管用哪种方法，此时用仪器观察变速器数据流第 10 组和第 11 组应显示"OK"，若显示"RUN"，则需重新进行学习。

客户委托和工作页

本项目主要介绍了 CVT 的基本故障诊断，学生在实际故障诊断中应该结合具体车型的维修手册进行诊断。

教师提供一辆装有 CVT 的汽车，请按照以下程序完成测试。

1）查询、研究维修手册和诊断流程。

2）在鉴定教师监督下对 CVT 进行基本检查、故障码读取、机械与液压性能测试，按照要求自己演示诊断程序。鉴定教师会提出口头问题，以确定学生对测试系统性能的基础知识掌握程度。

3）填写故障诊断报告，对 CVT 的状况进行判断评估。

4）当完成这个任务并达到能力标准时，鉴定教师会同意学生进入下一个任务学习。

1. 客户委托案例（表 2-10）。

表 2-10　客户委托案例

故障案例名称	故障现象
案例一 发动机运转，但在任何档位位置，车辆都不会动	本田飞度轿车，起动发动机后将变速杆挂入任何档位车辆没有反应，不能行驶
案例二 车辆在 D、S 和 L 位不动	本田飞度轿车，起动发动机后将变速杆挂入 D、S 和 L 位不动，仪表指示灯有的亮，有的不亮
案例三 加速或减速时，振动过大	本田飞度轿车，在加速或减速时，振动过大
案例四 在 D、S 和 L 位时，车辆不能在平坦路面上缓慢前进	本田飞度轿车，在 D、S 和 L 位时，车辆不能在平坦路面上缓慢前进，即松开制动踏板后没有爬行功能

2. 询问客户故障信息。

选择 1~2 个案例，按照表 2-11 中步骤，对报修的客户进行询问并记录。

表 2-11　客户故障信息询问表

客户姓名：	车型及年代：		车辆识别码：
自动变速器型号：	发动机型号：		里程：
事故日期：	制造日期：		检修日期：
事故出现次数	□ 连续　□ 间断　　（一天的次数　　　　　　）		
客户报修检查	□ 车辆不能动（□ 任何位置　□ 特殊位置）		
	□ 不能向上换档（□ 1 档→2 档　□ 2 档→3 档　□ 3 档→O/D 档）		
	□ 不能向下换档（□ O/D 档→3 档　□ 3 档→2 档　□ 2 档→1 档）		
	□ 锁止故障		
	□ 换档点太高或太低		
	□ 换档振动或滑动（□ N→D　□ 锁定　□ 任何传动位置）		
	□ 噪声或振动		
	□ 无降档		
	□ 无档位模式选择		
	□ 其他		
指示灯	□ 亮		□ 不亮

3. 车辆性能基本检查与调整。

车辆性能基本检查与调整，将检查结果填入表 2-12 中。

表 2-12　车辆性能基本检查与调整表

自动变速器基本检查和调整报告			
检查部位	正常	不正常	情况说明
蓄电池电压/V			
导线和接线桩			
发动机怠速/(r/min)			
自动变速器油液位			
自动变速器油油质			
检查变速杆指示灯			
调整空档起动开关			
检查冷却系统的冷却液			
变速器挂入各档位状况			

4. 提取故障码、读取数据流。

按照维修手册的规定读取故障码和数据流，分析故障原因，将相关信息记录在表 2-13 中。

表 2-13　故障码及故障原因分析表

数据记录
读取故障码的方法： 　　故障指示灯 □　　　驱动方式指示灯 □　　故障诊断仪 □ 读取故障码具体步骤：

将读到的故障码记录在下面,写出显示的所有系统故障

故障码数字（显示顺序）	故障码说明

5. 进行道路测试并将测试结果填入表 2-14 中。

表 2-14　道路测试记录表

节气门位置 传感器电压	车速/ （km/h）	标准发动机转速/ （r/min）	实测发动机转速/ （r/min）	是否正常
0.75V	40			
2.0V	40			
	60			
	100			
4.5V	40			
	60			
	100			

结论：

维修建议：

6. 进行失速测试并将测试结果填入表 2-15 中。

表 2-15　失速测试结果记录表

车辆是否被充分固定：　是 □　　否 □		变速器油量是否正常：　　是 □　　否 □	
变速器油油温是否正常：是 □　　否 □		A/C 开关是否置于 OFF 位置：是 □　　否 □	
变速杆位置	标准发动机转速/ （r/min）	实测发动机转速/ （r/min）	是否正常
D 位测试			

（续）

变速杆位置	标准发动机转速/ （r/min）	实测发动机转速/ （r/min）	是否正常
S 位测试			
L 位测试			
R 位测试			

结论：

维修建议：

7. 进行压力测试并将测试结果填入表 2-16 中。

表 2-16　压力测试结果记录表

测量项目	维修极限压力/MPa	实测压力/MPa	是否正常
前进档离合器的压力	1.44 ~ 1.71		
倒档制动器的压力	1.44 ~ 1.71		
主动带轮的压力	0.31 ~ 0.58		
从动带轮的压力	0.43 ~ 0.91		
润滑压力	0.27 ~ 0.40		

结论：

维修建议：

8. 进行 CVT 控制阀测试并将测试结果填入表 2-17 中。

表 2-17　CVT 控制阀测试结果记录表

测量项目	标准电阻/Ω	实测电阻/Ω	是否正常
CVT 起步离合器压力控制阀的电阻			
CVT 主动带轮压力控制阀的电阻			
CVT 从动带轮压力控制阀的电阻			
限止装置电磁阀的电阻			

结论：

维修建议：

9. 按照维修手册的要求对变速器进行匹配操作。

10. 7S 作业：作业完成后整理工具，清洁车辆、工具，将结果填入表 2-18 中。

表 2-18　7S 作业检查表

作业项目	是否完成
整理、清洁工具	是 □　否 □
清洁车辆	是 □　否 □
清洁工作台、工作车	是 □　否 □
清洁地面	是 □　否 □
工具、车辆归位	是 □　否 □

单元学习鉴定检查单

是否在教师的帮助下成功地完成了各任务学习目标所设计学习活动？	
	肯定回答
专业能力	
知道 CVT 机械元件及工作过程	
知道 CVT 液压控制系统元件及工作过程	
知道 CVT 电子控制系统元件及工作过程	
知道各部件在 CVT 上的布置	
能进行 CVT 拆卸	
能进行 CVT 零件清洗和检修	
能进行 CVT 装配、复位、调试程序	
能进行 CVT 电子控制系统故障诊断	
能进行 CVT 油液和液压测试	
能进行 CVT 失速测试和道路测试	
能进行 CVT 匹配和自适应检查	
关键能力	
根据已有的学习步骤、标准完成资料的收集、分析、组织	
通过标准，有效、正确地进行交流	
按计划有组织地活动，朝学习目标努力	
利用学习资源完成学习目标	
自觉遵守维修技术标准和安全操作规范，自觉运用安全工作条例开展维修工作	

完成情况

　　所有上述表格必须是肯定回答。如果不是,应咨询教师是否需要增加学习活动,以达到要求的技能

　　教师签字＿＿＿＿＿＿＿＿＿＿＿＿

　　学生签字＿＿＿＿＿＿＿＿＿＿＿＿

　　完成时间和日期＿＿＿＿＿＿＿＿

单元三

双离合变速器维护与维修

 学习目标

通过本单元的学习，学生应该具有安全而正确维修双离合变速器的能力。其职业目标和专业素养具体表现为：

1）认识双离合变速器的类型、结构和工作过程。

2）完成双离合变速器维修程序。

3）完成双离合变速器故障诊断程序。

4）收集双离合变速器维修信息和资料，能解释制造商、零件供应商提供的说明书和维修工作程序，对维修技术信息进行判断。

5）交流想法和信息能力。使用简明的语言和交流技巧，与顾客和团队成员进行交流；询问和主动倾听顾客的需求，从顾客处获得信息；口头交流向顾客说明维修方案。

6）计划双离合变速器维修工作，充分利用时间和资源，区分重点和监督自己工作。

7）自觉遵守维修技术标准和安全操作规范。

8）自觉运用安全工作条例开展维修工作。

9）在团队工作中，理解和响应顾客需求，积极与他人有效互动，共同完成工作目标。

10）应用数学思想和方法能力。根据测量、计算误差，建立质量检验的基本概念。

11）应用技术能力。在维修电控自动变速器过程中，应用工具、测量仪器、数字显示测量技术，填写维修作业记录、检查清单等作业文件。

12）专注耐心，准确诊断双离合变速器的故障和灵活地解决问题。

 单元学习资源

有关双离合变速器工作原理及结构的资料，可查询文字或电子文档如下：

1）各种汽车维护手册。

2）各种介绍双离合变速器结构与工作原理的书籍。

3）有关职场健康与安全的法律与法规。

4）有关危险化学物质和危险商品的相关信息。

5）汽车维修设备使用说明书和安全操作规定。

 可提供学习的环境和使用的设备

1）车间或模拟车间。

2）个人防护用品、用具。

3）汽车维修设备和工具。

4）安全的工作环境和工作场所。

5）各种类型的双离合变速器以及车辆。

任务一 认识双离合变速器的结构及工作过程

 ## 任务学习目标

通过本任务的学习，学生应该认识双离合变速器工作的有关知识，具有识别双离合变速器各工作部件的能力。其职业目标和专业素养具体表现为：

1）认识双离合变速器机械零件与工作过程。

2）认识双离合变速器电子控制元件及工作过程。

3）识别双离合变速器机械零件和电子控制元件。

学生职业素养关键能力表现为：

1）收集双离合变速器维修信息和资料，能解释制造商、零件供应商提供的说明书和维修工作程序，对维修技术信息进行判断。

2）交流想法和信息能力。使用简明的语言和交流技巧，与顾客和团队成员进行交流；询问和主动倾听顾客的需求，从顾客处获得信息；口头交流向顾客说明维修方案。

活动一 双离合变速器概述

 ## 学习信息

一、双离合变速器概念

双离合变速器的英文全拼为 Double Clutch Transmission 或者 Dual Clutch Transmission，简写为 DCT。DSG 是大众集团双离合变速器的专用名字，全拼为 Direct Shift Gearbox，中文直译为"直接换档变速器"。

DCT 的起源与其他汽车高科技一样，其设计都来自赛车运动，因此 DCT 变速器能够满足驾驶人对操控感觉的需求，同时在民用量产时，由于它的"基于手动变速器"这一本质，使车辆较为节油，实现了现代社会汽车消费者的"操控和节油并存"需求，也为喜欢手动变速器的驾驶人提供了最佳选择。

二、双离合变速器的优缺点

1. 双离合变速器的优点

双离合变速器的优点有传动系统能耗小、加速性能好、速比分配合理、换档操作快捷、换档时无动力中断。

2. 双离合变速器的缺点

双离合变速器的缺点是结构复杂、零部件数量多、技术难度大、制造工艺要求比较高、在特殊情况下双离合变速器转矩承载不足。如果是干式的离合器，会产生太多的热量，而湿式的离合器，摩擦力会不够。

三、双离合变速器的布置

下面以福特6DCT250自动变速器为例来讲解双离合变速器的结构。

该款变速器是一款"干式"双离合自动变速器，它的布置如图3-1所示。这款变速器在传递动力时不会出现动力中断的情况，即使与最先进的自动变速器相比，它的传动效率明显更高。与传统的手动变速器相同，档位速比的改变是通过安置在变速器内输入轴和输出轴上的不同齿轮组来实现的。

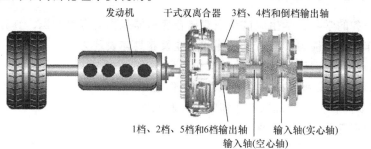

发动机　　干式双离合器　　3档、4档和倒档输出轴

1档、2档、5档和6档输出轴　　输入轴(实心轴)
输入轴(空心轴)

图3-1　6DCT250自动变速器布局示意图

四、双离合变速器的类型

双离合变速器分为"干式"和"湿式"两种，主要是离合器部分和散热的设计不同。

1. 干式双离合变速器

干式双离合变速器通过驱动盘和摩擦片的摩擦作用来传递动力，这与手动变速器采用的方式相同。驱动盘和飞轮连接，摩擦片和输入轴连接，当摩擦片和驱动盘被压紧时传递动力，分离时则中断动力传递。使用摩擦片直接接触来进行传动，带来的好处是动力响应方面会更快，但缺点是不能承受过大的转矩输出，散热性差（靠空气散热）。

2. 湿式双离合变速器

湿式双离合变速器的离合器部分主要由钢片、摩擦片、活塞和回位弹簧组成。两组离合器的钢片与发动机端的主动盘连接，而摩擦片与变速器的输出轴相连，当钢片和摩擦片等部分在油压推动下紧压在一起时，动力从发动机端输入变速器。与干式双离合变速器不同的是，湿式双离合变速器中的每一组离合器都带有多组摩擦片和钢片，因此实际摩擦面积大，能够传递更大转矩的同时，还能更好地发散热量。同时，由于离合器摩擦部分被封闭在油腔内，所以离合器散热性能好。

 回答下列问题

1. 判断下面说法的正误，在后面画"×"或"√"。

1）双离合变速器装配有液力变矩器。　　　　　　　　　　　　□

2）双离合变速器在换档时没有动力中断。　　　　　　　　　　□

3）双离合变速器的油耗和 AT 相比更低。　　　　　　　　　　　　　□

4）双离合变速器布置在发动机和变速器之间，起接合和中断发动机到变速器的动力传递作用。　　　　　　　　　　　　　　　　　　　　　　　　　□

5）干式双离合变速器比湿式双离合变速器散热性能好。　　　　　　　□

2. 回答下列问题。

1）DCT 和 DSG 的区别是什么？

_____

_____

2）双离合变速器的优点是什么？

_____

_____

3）干式双离合变速器和湿式双离合变速器的区别是什么？

_____

_____

 完成下列任务

1. 在教师提供的变速器上，识别干式双离合变速器和湿式双离合变速器的主要组成和零部件位置。

2. 根据教师提供的双离合变速器车辆，查阅资料回答问题：

车辆的型号 _____ 双离合变速器型号 _____ 双离合变速器类型_____

活动二　认识双离合变速器机械部件及工作过程

 学习信息

一、双离合变速器机械部件的结构及工作原理

1. 双离合变速器机械部件的结构

双离合变速器有别于传统的自动变速器，它在手动变速器的基础上加上了电子控制和液压驱动（有的车没有液压驱动，是电动机驱动），让两个离合器交替工作，无间断地输出动力。如图 3-2 所示，以 6 速双离合自动变速器为例，它有 6 个前进档和 1 个倒档，有两个并排布置的湿式离合器 1、2，变速器的档位按奇数档（1、3、5 档）与偶数档（2、4、6、R 档）分开布置，分别与离合器 1、2 配合工作，两个离合器分别和实心输入轴和空心输入轴

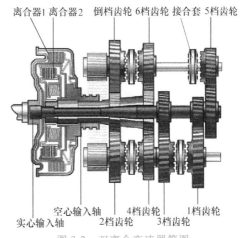

图 3-2　双离合变速器简图

相连接，实心的内传动轴连接 1、3、5 奇数档，空心的外传动轴连接 2、4、6 偶数档和倒档，两个离合器分别控制空心和实心输入轴与发动机的连接，发动机动力便会通过两根输入轴做出无间断的动力输出。

2. 双离合变速器机械部件的工作原理

当双离合自动变速器工作时，一组齿轮被同步器啮合，而接近换档时，下一档段的齿轮已被预选（同步器接合），但离合器仍处于分离状态；当换档时，一个离合器将使用中的齿轮分离，同时另一个离合器啮合已预选的齿轮，在整个换档期间能确保最少有一组齿轮在输出动力，从而不会出现动力中断的状况。

发动机的输出轴通过缓冲器与两离合器外片相连，发动机起动后自动挂 1 档，离合器 1 接合，离合器 1 的外片逐渐贴合内片并开始通过 1 档的实心轴、齿轮组和同步器传递发动机转矩至差速器，最终至驱动轮，车辆起步行驶。这时的控制过程与电控机械式自动变速器相似。此时离合器 2 仍然处于分离状态，不传递动力，但 2 档已被预先选定。当达到 2 档换档点时，离合器 1 开始分离，同时离合器 2 开始接合，两个离合器交替切换，直到离合器 1 完全分离，离合器 2 完全接合，整个换档过程结束。汽车进入 2 档运行后，自动变速器 ECU 可以根据相关传感器信号判断车辆当前运行状态，判断车辆即将进入运行的档位是升 3 档还是降 1 档，而 1 档和 3 档均连接在离合器 1 上，因为该离合器处于分离状态，不传递动力，故可以指令自动换档机构十分方便地预先换入即将进入工作的档位。当车辆运行达到换档点时，只需要将正在工作的离合器 2 分离，同时将离合器 1 接合，配合好两个离合器的切换时序，整个换档动作就可全部完成。汽车继续运行时，其他档位的切换过程类似。

二、双离合器单元

双离合器单元分为湿式和干式两种结构，湿式双离合器为多片湿式双离合器，其结构和工作原理与液力自动变速器的相同，这里只介绍干式双离合器单元。

干式双离合器机构带有独立的磨损调节系统，离合器在不工作状态时处于分离状态，双离合器通过两个电动机械式传动杠杆执行器来控制。双离合器机构的动作通过一个包含两个接合轴承和两个接合盘组成的接合单元来控制。

干式双离合器系统（图 3-3）由双离合器单元、接合单元、两个电动机械式杠杆执

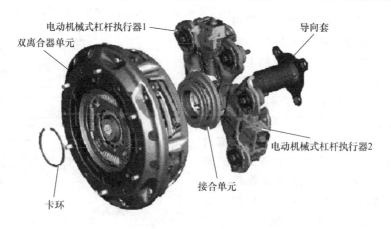

图 3-3 干式双离合器实物图

行器（每个都是由直流无刷电动机驱动的）组成。

1. 双离合器

（1）组成 双离合器主要由压盘、离合器片和扭转减振器等组成，其剖视图如图3-4所示。

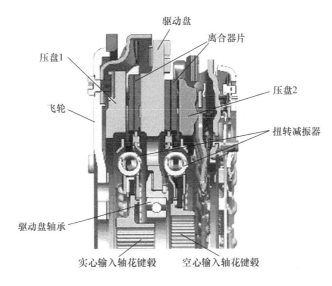

图 3-4 双离合器剖视图

（2）工作原理 出于安全性的考虑，双离合器在不工作时处于分离状态，这种离合器称为主动式离合器。在主动式离合器上如果膜片弹簧上没有施加力或者施加的力很小，则离合器的接触压力为零。为了保持执行器的传动路径严格限制在规定的空间内，离合器装有一个内部行程控制磨损调节系统。为了降低扭转振动，扭转减振器被集成在离合器片上。

1）离合器处于分离状态。如图 3-5a 所示，两个膜片弹簧不受力。

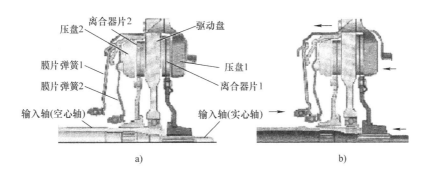

图 3-5 离合器分离和接合的示意图

2）离合器处于接合状态。当膜片弹簧受到压力时（图 3-5b），相对应的压盘就会将离合器片和驱动盘压紧。TCU 控制直流无刷电动机驱动电动机械式传动杠杆执行器动作，传动杠杆给离合器接合单元压力，使膜片弹簧受力，离合器接合。此时动力传递路线为发动机—驱动盘—压盘—离合器片—输入轴。

（3）磨损行程控制调节　由于离合器片的磨损可能导致膜片弹簧的位置改变，并且会依次影响离合器接触压力的特性曲线和离合器分离的控制力，其后果是导致控制电动机械式杠杆执行器的直流电动机的负荷增大。为了保持膜片弹簧的位置、离合器的接触压力和分离控制力几乎始终一致，双离合器设置了一个磨损行程控制调节的机械装置，如图3-6所示。

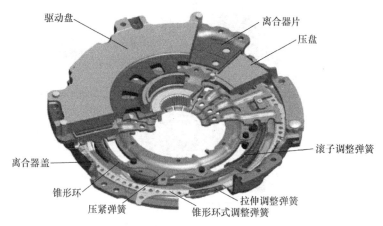

驱动盘　离合器片　压盘　滚子调整弹簧　离合器盖　锥形环　压紧弹簧　拉伸调整弹簧　锥形环式调整弹簧

图3-6　带磨损行程控制调节的双离合器

当磨损到离合器的内衬时，膜片弹簧会产生一个朝向发动机方向的特定压力，离合器的调整装置被触发。由于额外的行程导致压紧弹簧推动锥形环。由于滚子调整弹簧上预加有负载，会推动锥形环旋转直到压紧弹簧和锥形环之间的间隙被补偿为止。

2. 接合单元

接合单元由两个接合轴承、导向套和补偿元件组成，如图3-7所示。换档轴承1驱动第一离合器的膜片弹簧，换档轴承2驱动第二离合器的膜片弹簧。这两个接合轴承被安置在导向套上，它们可以相互独立地在导向套上移动。滑动套筒上开有沟槽与导向套相配合。补偿元件用于补偿电动机械式杠杆执行器的驱动杆的偏差。两个接合轴承都装有一个经硬化处理的换档盘，用于接合轴承传递轴向力。

3. 电动机械式杠杆执行器

（1）组成　电动机械式杠杆执行器（相当于手动档的拨叉）主要由无电刷直流电动机、压紧弹簧、丝杠、滚柱和驱动杆等组成，如图3-8所示。

（2）工作原理

1）离合器接合过程。当电动机断电时，离合

接合轴承2　接合轴承1　补偿元件　导向套

图3-7　接合单元剖视图

器处于分离状态，为了让离合器接合TCM控制电动机通电，无电刷直流电动机在TCM的驱动下旋转，电动机旋转带动丝杠旋转，滚柱和丝杠通过螺纹配合，丝杠的旋转带动

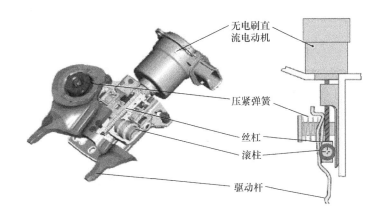

无电刷直流电动机

压紧弹簧

丝杠

滚柱

驱动杆

图 3-8　电动机械式杠杆执行器

滚柱向下轴向移动。滚柱是驱动杆的支撑点，随着滚柱的向下轴向运动，驱动杆的中心支承点位置离开原位向下移动，使驱动杆的外端向左移动压紧接合轴承，接合轴承被提升压在膜片弹簧上，从而导致离合器被压在接合的位置，如图 3-9b 所示。为了将离合器保持在接合的位置，电动机会一直被控制接通一个保持电流。

2）离合器分离过程。一旦 TCM 切断保持电流，膜片弹簧会松弛，同时离合器会分离。膜片弹簧上的压紧力释放后，接合轴承和驱动杆会旋转到原来的初始位置，同时驱动杆的形状会促使滚柱回到它的起始位置，如图 3-9a 所示。

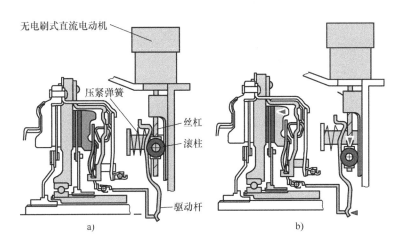

无电刷式直流电动机

压紧弹簧

丝杠

滚柱

驱动杆

a)　　　　　　　　　　b)

图 3-9　传动杠杆执行器动作情况

三、内部换档机构

1. 内部换档机构的组成

该变速器的内部换档机构的布置如图 3-10～图 3-12 所示，主要由电动机、带传动齿的换档鼓、双传动齿轮、拨叉和拨叉轴组成。

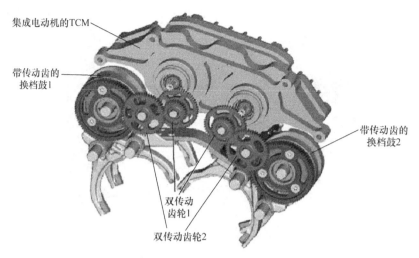

图 3-10　内部换档机构布置图

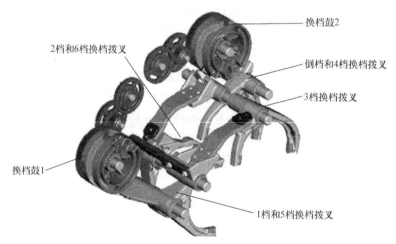

图 3-11　换档系统布局示意图 1

图 3-12　换档系统布局示意图 2

2. 内部换档机构换档原理

档位的变换是通过两个直流无刷电动机的旋转实现的，电动机通过双传动齿轮的两级减速来驱动换档鼓。两个换档鼓是一样的，每个换档鼓都有一个狭槽，因此换档鼓转动使换档拨叉沿着狭槽上下移动，拨叉上下移动实现换档。

这款变速器不需要额外的机械锁锁止机构来防止在错误的情况下同一输出轴上的各个档位在同一时间挂上两个档（也就是可以利用换档鼓实现互锁）。每个换档鼓驱动两个换档拨叉，换档鼓的旋转总角度依靠被铸造在变速器壳体上的两个停止装置限制。换档鼓 1 的旋转角度是 200°，换档鼓 2 的旋转角度更大一些，是 290°，因为这个换档鼓用于控制 4 个档位。

换档鼓的换档狭槽的周围有两个相反方向的凸轮，它们是偏移 180° 相对安置的。如果滑块在凸轮上上下移动，这时换档拨叉会相应地在轴向移动，这样同步器装置就可以控制档位接合或者是退到空档位置。

四、转矩传递路线分析

双离合变速器各转矩比的改变与手动变速器一样，是通过不同齿轮啮合来实现的，如图 3-13 所示。

1. 1 档转矩传递路线（图 3-14）

转矩通过飞轮传递到双离合器，再通过双离合器的驱动盘、压盘 1 和离合器片 1 传递到实心输入轴。实心输入轴将转矩传递给带有 1 档齿轮的输出轴。最后，转矩通过输出齿轮传递给主减速器。

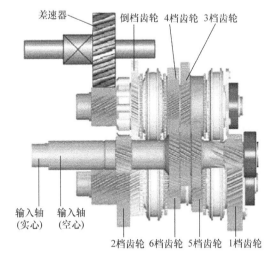

图 3-13　变速器变速机构

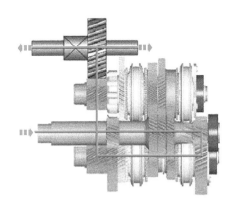

图 3-14　1 档转矩传递路线

2. 2 档转矩传递路线（图 3-15）

转矩通过飞轮传递到双离合器，再通过双离合器的驱动盘、压盘 2 和离合器片 2 传递到空心输入轴。空心输入轴将转矩传递给带有 2 档齿轮的输出轴（1 档、2 档、5 档和6档）。最后，转矩通过输出齿轮传递给主减速器。

3.3档转矩传递路线（图3-16）

转矩通过飞轮传递到双离合器，再通过双离合器的驱动盘、压盘1和离合器片1传递到实心输入轴。实心输入轴将转矩传递给带有3档齿轮的输出轴（3档、4档和倒档）。最后，转矩通过输出齿轮传递给主减速器。

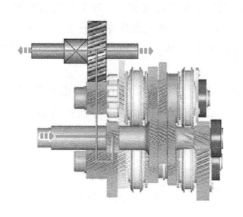

图3-15　2档转矩传递路线

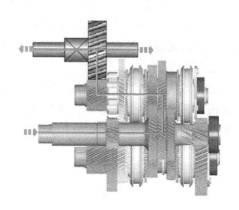

图3-16　3档转矩传递路线

4.4档转矩传递路线（图3-17）

转矩通过飞轮传递到双离合器，再通过双离合器的驱动盘、压盘2和离合器片2传递到空心输入轴。空心输入轴将转矩传递给带有4档齿轮的输出轴（3档、4档和倒档）。最后，转矩通过输出齿轮传递给主减速器。

5.5档转矩传递路线（图3-18）

转矩通过飞轮传递到双离合器，再通过双离合器的驱动盘、压盘1和离合器片1传递到实心输入轴。实心输入轴将转矩传递给带有5档齿轮的输出轴（1档、2档、5档和6档）。最后，转矩通过输出齿轮传递给主减速器。

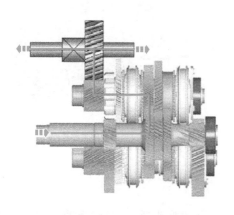

图3-17　4档转矩传递路线

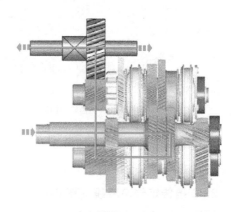

图3-18　5档转矩传递路线

6. 6 档转矩传递路线（图 3-19）

转矩通过飞轮传递到双离合器，再通过双离合器的驱动盘、压盘 2 和离合器片 2 传递到空心输入轴。空心输入轴将转矩传递给带有 6 档齿轮输出轴（1 档、2 档、5 档和 6 档）。最后，转矩通过输出齿轮传递给主减速器。

7. 倒档转矩传递路线（图 3-20）

转矩通过飞轮传递到双离合器，再通过双离合器的驱动盘、压盘 2 和离合器片 2 传递到空心输入轴。空心输入轴将转矩传递给 2 档齿轮的输出轴（1 档、2 档、5 档和 6 档）。与 2 档齿轮固定连接在一起的还有一个中间齿轮，中间齿轮将转矩传递给带有倒档齿轮的输出轴（3 档、4 档和倒档）。最后，转矩通过输出齿轮传递给主减速器。

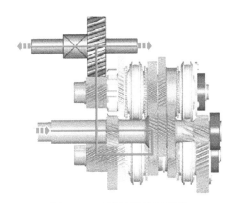
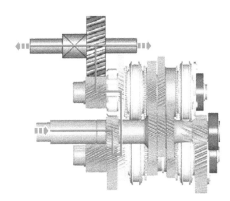

图 3-19　6 档转矩传递路线　　　　　　图 3-20　倒档转矩传递路线

回答下列问题

1. 判断下面说法的正误，在后面画"×"或"√"。

1）双离合变速器有液力变矩器。 □

2）双离合变速器换档时没有动力中断。 □

3）双离合变速器有预选档位功能。 □

4）双离合变速器没有换档拨叉。 □

5）对于 6 速双离合变速器，1、2、3 档用同一输入轴，4、5、6 档用另一输入轴。

□

6）双离合变速器存在两个同步器同时结合的情况。 □

7）干式双离合器主要由压盘、离合器片和扭转减振器等组成。 □

8）干式双离合器中的驱动盘连接发动机上的飞轮。 □

9）离合器片的磨损可能导致控制离合器分离和接合的直流电动机负荷增大。 □

10）干式双离合器磨损行程控制调节是可以自动调整的。 □

11）电动机械式杠杆执行器电动机断电时离合器处于接合状态。 □

2. 请标出部件名称。

1）标出图 3-21 中双离合单元部件的名称。

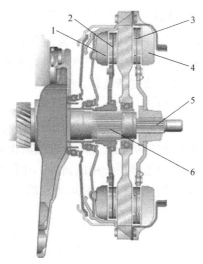

图 3-21　干式双离合器

1：＿＿＿＿＿＿；2：＿＿＿＿＿＿；3：＿＿＿＿＿＿；
4：＿＿＿＿＿；5：＿＿＿＿＿＿；6：＿＿＿＿＿＿。

2）标出图3-22中变速器变速机构的名称。

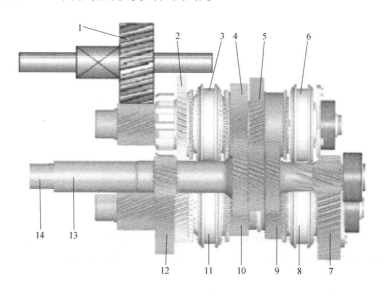

图 3-22　变速器变速机构

1：＿＿＿＿＿；2：＿＿＿＿＿＿；3：＿＿＿＿＿＿；4：＿＿＿＿＿＿；
5：＿＿＿＿＿；6：＿＿＿＿＿＿；7：＿＿＿＿＿＿；8：＿＿＿＿＿＿；
9：＿＿＿＿＿；10：＿＿＿＿＿；11：＿＿＿＿＿＿；12：＿＿＿＿＿＿；
13：＿＿＿＿＿；14：＿＿＿＿＿。

3.回答以下问题。

1）干式双离合单元的工作原理是什么？

2）电动机械式杠杆执行器怎么控制离合器接合和分离？

3）请按照以下示例，写出双离合变速器各档位动力传递路线。

1 档动力传递路线：

发动机——飞轮——离合器 1 ——实心输入轴——1 档主动齿轮——1 档从动齿轮——1/5 档同步器——输出轴——主减速器差速器

2 档动力传递路线：

3 档动力传递路线：

4 档动力传递路线：

5 档动力传递路线：

6 档动力传递路线：

R 位动力传递路线：

 完成下列任务

1. 对照双离合器机构实物识别零件，并口述各零件的作用和工作原理。
2. 对照内部换档和变速机构识别其组件，并口述各元件的作用。
3. 对照双离合变速器的机构，口述各档位转矩传递路线。

活动三　认识双离合变速器电子控制元件及工作过程

 学习信息

一、DCT 电子控制系统的组成和功能

电子控制系统由各种输入元件（传感器、开关）、电子控制单元（TCM）以及执行器（在该变速器中主要是电动机）组成，如图 3-23 所示。TCM 通过 CAN 系统与

ABS ECU、发动机 ECU、仪表和转角传感器进行通信交换信息。

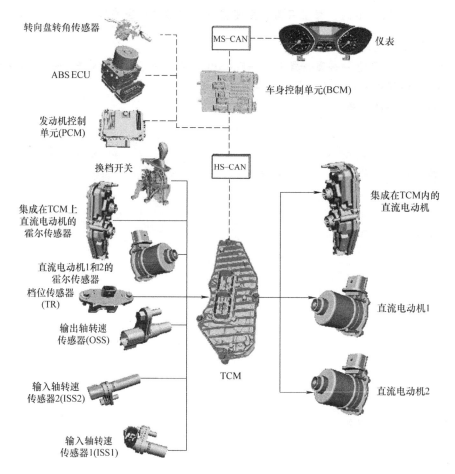

图 3-23　双离合自动变速器电子控制系统的组成

二、输入元件的结构

输入元件主要由各种传感器和开关组成。它收集各种数据，然后把数据送到 ECU，作为 ECU 控制换档的依据。

1. 输入轴转速传感器 1（ISS1）

（1）位置　输入轴转速传感器 1 安装在变速器壳体上，结构如图 3-24 所示。可通过调整垫片调整传感器和变速器转轮之间的距离在规定值。调整垫片的厚度为（3.5±0.05）mm。

（2）作用　传感器通过输入轴上（实心轴）的 3 档齿轮来监测输入轴转速。它是一个磁感应式传感器，用于检测转速和旋转方向。

2. 输入轴转速传感器 2

（1）位置　输入轴转速传感器 2 安装在变速器壳体上，结构如图 3-25 所示。可通过调整垫片调整传感器和变速器转轮之间的距离在规定值。调整垫片的厚度为（3.2±0.05）mm。

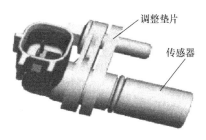

图 3-24 输入轴转速传感器 1

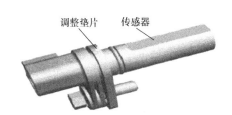

图 3-25 输入轴转速传感器 2

（2）作用 传感器通过输入轴上（空心轴）的 4 档齿轮来监测输入轴转速。它是一个磁感应式传感器，仅仅用于监测转速。信号被传递到 TCM 进行处理。

3. 输出轴转速传感器

（1）位置 输出轴转速传感器（OSS）安装在变速器壳体上，外形如图 3-26 所示。

（2）作用 输出轴转速传感器通过连接在差速器上的齿轮来监测输出轴转速。它是一个磁感应式传感器，仅仅用于监测转速。信号被传递到 TCM 进行处理。

4. 档位传感器

（1）位置 档位传感器安装在变速器壳体上，结构如图 3-27 所示。在档位传感器的两个面上都配置有操纵杆盖板。移动变速杆会驱使操纵杆和盖板移动。

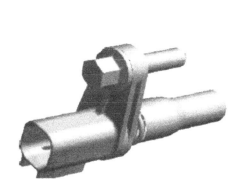

图 3-26 输出轴转速传感器

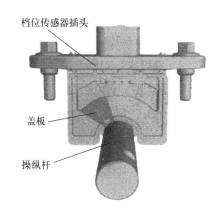

图 3-27 档位传感器

（2）作用 档位传感器是通过硬线连接到 TCM 的。通过这两组数字信号，TCM 监测到变速杆的位置。

（3）工作原理 档位传感器是一个双非接触式的感应式传感器。它的工作原理和变压器非常相似。首先，输入的直流电压被转换成模拟电压。当变速杆移动时会造成盖板移动，这导致磁场变化和二次绕组里的感应模拟电压发生变化，这个模拟电压被集成电路处理并被转换成数字信号（PWM 信号）。

三、输出元件的结构

在 6DCT250 双离合变速器中，输出执行元件是电动机，有 4 个电动机作为输出执行元件，如图 3-28 所示。其中，电动机 1 和电动机 2 是驱动离合器单元的两个接合轴承，使双离合器接合和分离。TCM 内的电动机 1 和电动机 2 驱动换档鼓，其中 TCM 内的电动机 1 通过驱动换档鼓 1 控制 1 档、5 档与第 3 档的拨叉，TCM 内的电动机 2 通过驱动换档鼓 2 控制 2 档和 6 档与第 4 档和倒档的拨叉。

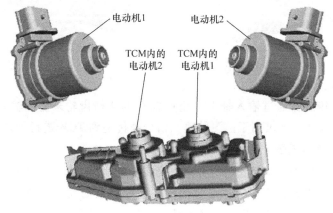

图 3-28　换档执行器

电动机主要由定子线圈、转子、控制电路和霍尔传感器组成，如图 3-29 所示。定子线圈由 TCM 控制，如果控制定子线圈通电，则会产生一个圆形磁场。转子在磁场里旋转。通过霍尔传感器，TCM 收到转子位置信号并计算电动机已经转的圈数。TCM 需要这个信息用于控制换档拨叉。

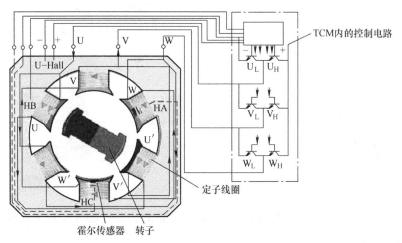

图 3-29　电动机内部电路控制图

四、电子控制系统

电子控制系统主要包括硬件和软件系统，硬件主要指组成 TCM 的一些元件，如内存、CPU、电源系统等电子元件，软件系统主要指 TCM 的控制策略和控制内容等。

1. TCM 的组成

TCM 的分解图如图 3-30 所示，它主要由控制单元、电动机、线圈和电动机轴承等组成。

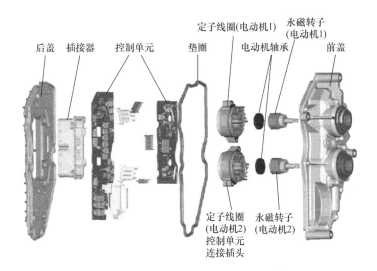

图 3-30　TCM 分解图

控制单元和两个用于控制内部换档机构的无电刷式的直流电动机都集成在 TCM 内。TCM 的主要功能是接收传感器发出的输入信号，评估此类信号并对信号进行处理后控制相应的执行器工作。售后服务中，TCM 只能以一个整体的总成零件进行更换。

2. 控制策略

（1）换档控制　变速器控制以与驾驶情况和驾驶人输入相一致的变速点软件策略为基础，TCM 驱动相关的直流电动机，从而自动换档。为了基于选定的驱动程序精确确定换档点，TCM 需要接收以下信息：

1）选定的变速器档位。

2）通过高速 CAN（HS-CAN）数据总线传输的车速与转矩及节气门位置。

3）通过高速 CAN（HS-CAN）数据总线传输的发动机温度。

4）通过高速 CAN（HS-CAN）数据总线传输的外界温度，可用于确定寒冷环境下的变速器液黏度。

5）通过高速 CAN（HS-CAN）数据总线从转向盘转角传感器接收的转向角，可用于转弯时换高速档或低速档。

（2）自适应控制　TCM 检测每次换档以确保所有驾驶情况下能够平顺换档。为此，控制装置通过开环控制系统控制供离合器与换档系统使用的无刷式直流电动机。需要调整的项目有：

1）离合器接触点。

2）离合器摩擦系数。

3）同步器总成的单个位置。

自适应学习值存储在控制单元的随机存储器（RAM）中。这可以改善变速器的换档平顺性和延长变速器的使用寿命。

（3）高海拔校正　当车辆处于高海拔时，由于大气压的下降，发动机性能会下降。PCM 模块可以发觉这种高海拔环境并补偿这种运行环境，TCM 改变换档点。

（4）速度控制系统 当车辆的速度控制系统开启时，TCM 控制换档。以 PCM 控制的节气门的开度位置为基础，TCM 控制换档。

（5）防回转功能 只有配备坡道起动辅助功能的车辆才有这个功能。当车辆上坡停在坡道上时，在 P 位和 N 位时会预选 1 档。在制动系统里会一直保持有制动压力，直到发动机的转矩足够推动车辆上坡。

（6）过热模式 该双离合变速器没有温度传感器，离合器的温度是 TCM 根据发动机转矩信号、ISS1、ISS2、OSS 和发动机转速信号来计算的。

过热模式的功用是防止离合器温度过高而导致离合器损坏。在这种模式下，离合器接合得更快并且电动机的输出力矩被限制降低，当计算的离合器温度超过 300℃ 时，离合器不会接合。经计算，若离合器温度上升到可能导致离合器片损坏，仪表上会显示以下信息：

1）变速器过热-停车或停止加速。

2）变速器过热-等待。

3）变速器过热-等待 10min。

一旦离合器已经冷却，仪表上会显示"变速器准备运转"的信息。

（7）跛行模式 TCM 的软件包含当变速器严重故障时仍能控制变速器运行的功能。使用何种控制策略由故障特性决定。除非 TCM 本身或者档位传感器有故障，否则车辆仍能受限制地行驶。

如果 TCM 有故障，则两个离合器都不能接合，同时车辆不能够继续行驶。在档位传感器故障的情况下，车辆不能再起动，或者变速器被固定在 N 位，这也会导致车辆不能继续行驶。根据故障发生时车辆所处的档位和驾驶情况的不同，会执行不同的控制措施。

1）直流电动机故障。在控制离合器的直流电动机故障的情况下，TCM 仅仅控制那个没有故障的电动机。例如，如果电动机 1 故障，这时变速器用于控制 1、3、5 档的传动路径受阻。TCM 仅仅驱动电动机 2，它控制倒档、2 和 4 档的离合器工作。

2）换档系统或转速传感器故障。在换档系统或者转速传感器故障的情况下，系统故障的范围可能是冻结某个档位或者冻结变速器的整个传动路径（偶数、奇数档），甚至只能允许以目前车辆接合的档位行驶。处于跛脚模式时，一条文字信息会显示在仪表上，故障指示灯或者变速器警告灯会亮（取决于故障类型）。

当发动机再次起动（点火开关关闭约 15s），为了检查系统是否存在故障，会执行自检。如果故障仍然存在，跛行模式会再次起作用。如果故障不再出现，则仪表上无故障显示，相应的故障指示灯会熄灭，但故障码会仍然存储在 TCM 内部。在故障情况下，如果有必要可以继续行驶车辆，寻找最近的维修站进行维修处理。

 回答下列问题

1. 将正确答案填到横线上。

1）电子控制系统由各种输入元件、_____ 以及 _____ 组成。

2）档位传感器的作用是监测_____的位置。

3）6DCT250 双离合变速器中输出执行元件是电动机，总共有_____个电动机。

4）当计算的离合器温度超过_____时，离合器不会接合。

2. 回答以下问题。

1）双离合变速器电子控制系统由哪些部件组成？

_____

_____

2）如果仪表提示"变速器过热-停车或停止加速"是出现了什么问题？应怎么处理？

_____

3）在 6DCT250 变速器中的执行机构是什么？分别起什么作用？

_____

_____

4）为了基于选定的驱动程序精确确定换档点，TCM 需要接收什么信号？

_____

5）什么是防回转功能？

_____

6）6DCT250 没有温度传感器，TCM 是如何确定离合器的温度的？

_____

7）什么是跛行模式？

_____

 ## 完成下列任务

1. 在教师提供的双离合变速器车辆上，识别电子控制系统元件的名称和安装位置。

2. 口述电子控制系统元件的作用和工作过程。

这些问题的目的是检查学生把书本中的知识应用到实际的能力，学生要不使用参考资料回答下列元件的作用和工作原理。

输入轴转速传感器、输出轴转速传感器、执行器、档位传感器

任务二 实施双离合变速器维修程序

 ## 任务学习目标

通过本任务的学习，学生应该具有参照维修手册维修双离合变速器的能力。其职业目标具体表现为：

1）完成双离合变速器的拆卸程序。

2）完成双离合变速器零部件的清洗和检修程序。

3）完成双离合变速器的装配、复位和调试程序。

活动一　　实施双离合变速器拆卸部件程序

 ## 拆卸工具

双离合变速器的拆卸工具包括塑料锤、卡簧钳、平口螺钉旋具、记号笔、成套拆装工具和专用工具。

 ## 学习信息

由于双离合变速器结构设计的多样性，在拆卸中应充分利用维修手册来拆卸变速器。下面介绍双离合变速器拆卸的一些关键步骤。在拆卸 CVT 前的准备工作和单元一任务二的活动一完成电控液力自动变速器维修准备工作类似这里不再赘述。

下面以福特轿车 6DCT250 为例，说明双离合变速器拆卸和分解部件的主要程序。

在拆解变速器之前，首先使用专用清洁剂将变速器外部彻底清洗干净，防止内部零件被灰尘或其他异物污染。

拆解变速器的工作场地应保持洁净，周围环境中不能有金属微粒、锯屑和沙粒等异物。必要时，可使用非纤维质的薄膜或纸张覆盖拆解的零件。禁止使用普通纤维质材料接触变速器的零部件，因为使用普通纤维质材料会使纤维附着在零件表面，对变速器造成不良影响。

一、双离合变速器拆卸程序

1. 晾干变速器壳体上的残留水分

从汽车底部拆下变速器，需要用高压蒸汽对壳体表面的油污和杂质进行清洗，避免污染拆卸的零件。

2. 拆卸线束

1）拆卸线束与变速器连接的 8 个线卡。

2）拆卸线束与电子元件连接的 7 个插接器（包括电动机插接器，输入、输出轴转速传感器插接器，档位传感器插接器，TCM 插接器）。

3）拆卸线束。

3. 拆卸变速器上电控元件

1）拆卸离合器执行电动机：拆除离合器执行电动机 1、离合器执行电动机 2。

2）拆卸 TCU。

3）拆卸输入轴转速传感器 1、传感器 2。

4）拆卸输出轴转速传感器。

5）拆卸变速器档位传感器。

4. 拆卸离合器单元

1）拆除驱动齿轮卡簧（图3-31）。注意：卡簧不能重复使用。

2）拆卸驱动齿轮。拆卸前应标注组件位置（图3-32）。

图3-31 拆除驱动齿轮卡簧

图3-32 标注组件位置

3）安装专用工具。专用工具的槽应对准卡簧缺口（图3-33）。

4）拆除卡簧。取下专用工具，用平口螺钉旋具拆卸卡簧（图3-34）。

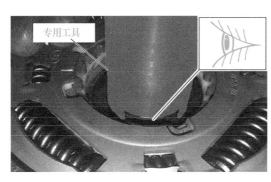

图3-33 安装专用工具

图3-34 拆除卡簧

5）安装专用工具（图3-35）。

6）利用专用工具拉起双离合器（图3-36）。

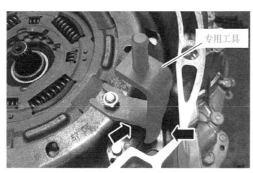

图3-35 安装专用工具

图3-36 利用专用工具拉起双离合器

5. 拆卸电动机械式杠杆执行器

1）拆卸接合单元（图3-37）。

2）拆除弹簧。拆卸前应标注组件位置（图3-38），拆下4个弹簧。

3）拆除电动机械式杠杆执行器。

图3-37 拆卸接合单元

图3-38 标注组件位置拆卸弹簧

6. 拆卸变速器

1）拆卸换档转轴杠杆（图3-39）。

2）拆除导向轴套（图3-40）。

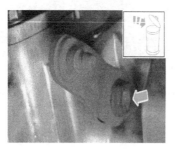

图3-39 拆卸换档转轴杠杆

图3-40 拆除导向轴套

3）安装专用工具，取下密封圈（图3-41）。

4）拆卸卡簧并丢弃（图3-42）。

图3-41 取下密封圈

图3-42 拆卸卡簧

5）拆除变速器壳体固定螺栓。

6）安装专用工具（图3-43和图3-44）。

图3-43 安装专用工具（一）

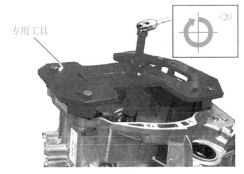

图3-44 安装专用工具（二）

7）利用专用工具拉出变速器壳体。

注意：当变速器壳体分开时，输入轴必须被替换。

8）拆除油封压板（图3-45）。

9）拆除扭力弹簧（图3-46）。

图3-45 拆除油封压板

图3-46 拆除扭力弹簧

10）拆除驻车锁止棘爪。

11）取下差速器。

12）取下双传动齿轮2（图3-47）。

13）取下双传动齿轮1（图3-48）。

图3-47 取下双传动齿轮2

图3-48 取下双传动齿轮1

14）取下磁铁。

15）安装专用工具（图3-49）。

16）拆卸变速器固定螺栓（图3-50）。

17）取下变速器壳体。

18）取下换档拨叉轴（图3-51）。

19）取下带驱动齿的换档鼓（图3-52）。

20）取下换档拨叉。

专用工具

图3-49　安装专用工具　　　　　　　　　图3-50　拆卸变速器固定螺栓

图3-51　取下换档拨叉轴　　　　　　　　　图3-52　取下换档鼓

7. 拆卸整理工作

当变速器拆卸完毕后，准备清洗各个零件，确保零件整洁地放好，以便辨认和检查。清洁拆卸后的工作场所，保证工作场所的整洁。

活动二　实施双离合变速器零件清洗与检修程序

 检查量具

双离合变速器检查量具包括千分尺、游标卡尺、磁性表座、百分表、弹性张力计、塞尺和气枪。

学习信息

由于双离合变速器在传递动力过程中，零件之间相互摩擦产生磨损，零件会被油泥或磨屑污染。因此，在总成被拆卸成零部件后，需要进行清洗，检查零件的实际尺寸和性能，判断零件是否可以继续使用。

一、零件清洗

清洗部件的技术要求和安全措施与单元一任务二的活动三的要求相同。

二、零件检修

由于双离合变速器内部换档和变速机构与传统的手动变速器大致一致，所以换档变速机构的检修和手动变速器相同，需要检查同步环和齿轮之间的间隙，检查各档位主、从动齿轮是否有磨损，轴颈是否磨损，轴上花键是否磨损，拨叉和接合套之间的间隙，滚针轴承是否磨损、断裂等。

1. 检查同步环间隙

使用适当的塞尺，在周围各个区域测量同步环与齿轮之间的间隙（图3-53）。在测量时应向同步环施加压力，若间隙小于规定值，则应安装一个新的轴总成。

2. 检查离合器磨损情况

在检查离合器磨损的时候应用专用工具将离合器锁住，操作步骤见活动三。

（1）检查离合器1磨损 测量离合器1的膜片弹簧到离合器1调整环孔之间的距离（图3-54），极限值为26mm，若小于极限值，必须更换一个新的元件。

（2）检查离合器2磨损 测量离合器盖到离合器2调整环之间的距离（图3-55），极限值为15mm，若小于极限值，必须更换一个新的元件。

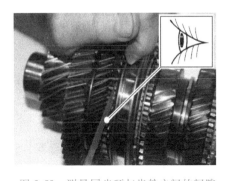

图3-53 测量同步环与齿轮之间的间隙

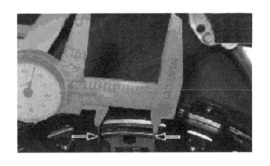

图3-54 检查离合器1磨损

图3-55 检查离合器2磨损

活动三 实施双离合变速器装配、复位、调整程序

 装配工具

双离合变速器的装配工具包括塑料锤、尖头冲子、弹性卡环钳、錾子、磁棒、压力机和成套拆装工具。

 学习信息

在清洗和检查零件程序后，将零件分为可用件、待修件和更换件三类。按照检查结果将零件、组件装配成总成，然后恢复总成在汽车上原来的位置，再进行连接调试，使总成与汽车其他总成协调统一工作。

下面以新福克斯轿车 6DCT250 变速器为例，说明自动变速器装配、复位、调整部件的主要程序。

一、装配双离合变速器

变速器的安装顺序和拆卸顺序相反，按照规定力矩紧固螺栓。

二、安装电动机械式杠杆执行器

1）检查变速器壳体螺纹是否有损坏。

2）安装电动机械式杠杆执行器。

① 用手装入执行器，确保组件安装在拆卸时所标注的位置上，用手拧紧执行器螺栓。

② 临时安装电动机 2 和电动机 1。注意：在此阶段用手拧紧螺栓。

③ 拧紧电动机械式杠杆执行器，转矩为 19N·m。

④ 取下电动机 1，取下电动机 2。

⑤ 安装执行器组件。确保组件安装在拆卸时所标注的位置上，对齐安装标记，确保弹簧位于下部弹簧正确的位置并拧紧螺栓。

三、安装离合器单元

1）锁止双离合器。

① 将专用工具夹在台虎钳上，将离合器总成装在专用工具上（图 3-56）。

② 拧紧专用工具螺母和螺栓。注意：只能用手拧紧。

③ 安装专用工具到离合器上压紧膜片弹簧 1（图 3-57 和图 3-58）。注意：顺时针转动工具。

图 3-56 将离合器总成装在专用工具上

图 3-57 安装专用工具 (一)

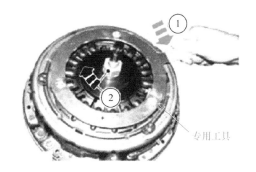

图 3-58 安装专用工具 (二)

④ 锁住膜片弹簧 1 (图 3-59)。

⑤ 安装专用工具 (图 3-60),压紧膜片弹簧 2。只能用手拧紧螺母。

⑥ 安装专用工具并逆时针转动工具 (图 3-61),锁住膜片弹簧 2。

2) 用变速器油润滑导向轴套轴颈。

3) 用润滑脂润滑轴套花键。

4) 用专用工具装入离合器单元。

5) 用专用工具释放离合器 (图 3-62)。

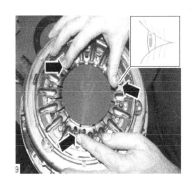

图 3-59 锁住膜片弹簧 1

图 3-60 安装专用工具 (三)

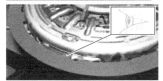

图 3-61 安装并转动专用工具

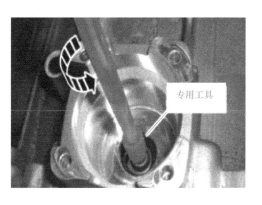

图 3-62 释放离合器

6) 安装卡簧。确保装入新的卡簧。

7) 安装驱动齿轮。

对齐安装标记装入驱动齿轮，安装卡簧，检查卡簧开口位置是否正确。

四、安装电控元件

1. 安装档位传感器

确保安装面干净、未被腐蚀且没有异物。拧紧档位传感器螺栓，力矩为 10N·m。

2. 安装输出轴转速传感器、清洁传感器，更换 O 形密封圈并润滑，安装输出轴转速传感器。

3. 安装输入轴转速传感器

清洁、润滑传感器，更换并润滑 O 形密封圈，测量传感器调整垫片的厚度（应为 3.2mm），安装输入轴转速传感器 2，力矩为 10N·m。

4. 安装输入轴转速传感器 1

清洁、润滑传感器，更换并润滑 O 形密封圈，测量传感器调整垫片的厚度（应为 3.5mm），安装输入轴转速传感器 1，力矩为 10N·m。

5. 安装 TCU

确保接合面干净、未被腐蚀且没有异物，更换并润滑 O 形密封圈。

6. 安装离合器执行器电动机

确保接合面无异物腐蚀，用润滑脂润滑电动机轴头和花键，润滑电动机安装孔，分别安装电动机 2 和电动机 1，转矩为 5N·m。

五、安装电控元件线束

 整理工作场地

当你完成装配工作时，打扫干净工作场所，把使用的特殊工具和设备放回工具箱。

六、复位程序

双离合变速器的复位程序应该参照维修手册来操作。下面列出了几个关键步骤：

1) 用适当的罩子将翼子板、内饰和地毯遮盖上。确保汽车表面不被划伤，尽可能地保持车体内外干净。

2) 在复位时，确保软管无弯曲变形。

3) 确保拆下来的线束插头无损坏，TCU 插头无弯曲变形。

4) 应确保软管套入长度足够，卡箍的位置正确。

5) 举升机举升车辆的时候应注意安全，确保举升机正常无故障，在举升的时候周围无人。

6) 当拆卸变速器等沉重零部件时，注意不要失去平衡而使其跌落。同时，注意不要让沉重零部件碰到附近的零件，特别是制动管和总泵。

7）在拆卸飞轮与变速器接合面时，应该标注拆卸位置，以便复位时能正确装配。

8）在拆卸变速器时会有油液要漏出来，应该准备物品收集液体。

9）半轴外万向节弯曲严禁超过 45°，内万向节弯曲严禁超过 18°。

10）使用干净的油盘放置螺栓和垫圈等从汽车上拆下来的零件，确保在复位时容易找到。

11）在复位时按厂商推荐的力矩拧紧螺栓。检查软管和导线是否还原到原来的位置，并被很好地固定，以防额外的松动造成损坏。

12）检查汽车的清洁，确保油脂和污物被清除。

七、调整程序

当双离合变速器装回车辆原来的位置后，需要将双离合变速器与发动机等总成连接的部位进行准确调整，保证双离合变速器与其他总成协调工作。该变速器的调整程序与自动变速器的调整程序基本一致，其具体操作详见单元一任务二的活动四。

 工作任务及工作页

1. 列出拆卸双离合变速器时需要遵守的安全措施。

_____

_____

_____

2. 列出双离合变速器拆卸部件的流程。

车型：　　　　　　　　　自动变速器（自动变速桥）型号：

维修资料存放处：　　　　　　　维修资料名称：

拆卸工具和设备：

主要部件流程：

注意事项：

3. 将已拆卸下来的双离合器部件进行分解与检查，并填写检查结果到表 3-1 中。

表 3-1 双离合器部件检查表

部件检查	可用件	待修件	更换件
离合器单元			
离合器 1			
离合器 2			
驱动齿轮			
接合单元			
电动机械式传动杠杆执行器			
导向轴套			
变速器单元			
变速器壳体			
双传动齿轮 1			
双传动齿轮 2			
换档拨叉			
换档鼓 1			
换档鼓 2			
1—6 档换档主、从动齿轮			
倒档主、从动齿轮			
检查结论			

4. 将教师提供的双离合变速器进行装配。在装配之前，需查找到装配的技术参数和程序，准备工具、设备和场地，便于安全可靠地操作。

1）列出双离合变速器的装配流程。

车型：　　　　　CVT 型号：

维修资料存放处：　　　　维修资料名称：

拆卸工具和设备：

更换零件名称和数量：

主要装配流程：

注意事项：

2）填写装配中主要检测参数到表 3-2 中。

表 3-2　双离合变速器主要参数检查表

装配检测部件	标准值	检测值	合格	不合格
同步环间隙				
离合器 1 磨损				
离合器 2 磨损				
输入轴 1 调整垫片厚度				
输入轴 2 调整垫片厚度				

5. 将装配好的双离合变速器进行复位，并写出复位工作中的操作过程。

_____

_____

6. 对装配双离合变速器的汽车进行调整，并将调整的情况填写到表 3-3 中。

表 3-3　双离合变速器调整、检查表

车辆型号：	车辆牌照：		
变速器型号：			
调整状况良好	是		不是
较好的变速性能			
软管连接正常			
冷却器工作良好,没有泄漏			
变速器油液位正常,无泄漏			
发动机起动			
N 位或 P 位起动			
其他档位起动			
完成情况			

任务三　实施双离合变速器故障诊断程序与学习

 ## 任务学习目标

通过本任务的学习，学生应该具有依据维修手册诊断双离合变速器故障的能力。其职业目标和专业素养具体表现为：

1）正确更换、检查双离合变速器油液。

2）使用诊断软件诊断双离合变速器电控系统的故障。

3）能够使用诊断软件进行双离合变速器的匹配和自适应检查。

学生职业素养关键能力表现为：

1）计划双离合变速器故障诊断工作，充分利用时间和资源，区分重点和监督自己工作。

2）专注耐心，准确诊断双离合变速器故障和灵活地解决问题。

3）自觉遵守维修技术标准和安全操作规范。

4）自觉运用安全工作条例开展维修工作。

5）在团队工作中，理解和响应顾客需求，积极与他人有效互动，共同完成工作目标。

6）应用数学思想和方法能力。根据测量、计算误差，建立质量检验的基本概念。

7）应用技术能力。在维修双离合变速器过程中，应用工具、测量仪器、数字显示测量技术，填写维修作业记录、检查清单等作业文件。

<h2 style="text-align:center">活动一　实施双离合变速器故障诊断程序</h2>

 学习信息

一、双离合变速器故障诊断步骤

变速器的控制与发动机管理系统紧密相连。发动机管理系统的故障可能影响变速器控制系统。在维修变速器前，应先确保故障不是由发动机管理系统导致的或者是其他非变速器部件故障导致的。

双离合变速器由离合器单元、执行单元、变速换档系统和电子控制系统组成。下面以福特轿车 6DCT250 双离合变速器为例说明故障诊断程序，如图 3-63 所示。

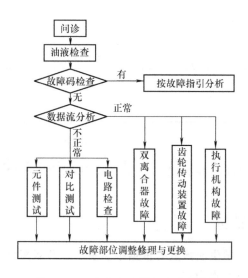

图 3-63　双离合变速器故障诊断程序

二、双离合变速器油液检查程序

1. 双离合变速器油液检查

定期检查双离合变速器油液量，应该在发动机起动 2~3min 后油温达到 35~45℃时查看油液高度。液位检查步骤如下：

1）检查有无油液泄漏。

2）将发动机起动（D 档）并运行 2~3min，使油温升高到 350~450℃。

3）挂上 P 档将车举升到合适位置。

4）拆卸底盘护板（图 3-64）。

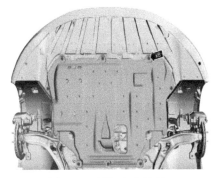

图 3-64　拆卸底盘护板

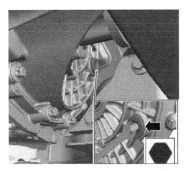

图 3-65　拆卸变速器加油螺塞

5）拆卸变速器加油螺塞（见图 3-65）。

6）检查变速器油液位，液面应刚好低于加注口（见图 3-66）。

7）检查变速器油液的品质，应无异味、清澈。

8）安装加油螺栓，力矩为 43N·m。

9）安装护板。

2. 更换双离合变速器油液

1）将发动机起动（D 档）并运行 2~3min，使油温升高到 350~450℃。

2）挂上 P 档将车举升到合适位置。

3）拆卸底盘护板。

4）拆下放油螺塞，排空变速器油液（图 3-67）。

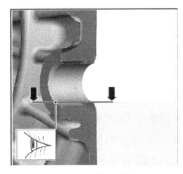

图 3-66　检查液位

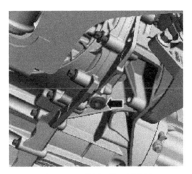

图 3-67　拆卸放油螺栓

5）安装油底壳放油螺塞。锁紧力矩为 43N·m。

6）拆卸变速器加油螺塞。

7）加注变速器油，液面应刚好低于加注口。

8）安装加油螺塞，力矩为 43N·m。

9）安装护板。

活动二　实施双离合变速器匹配和自适应学习程序

 学习信息

一、读取故障码和数据流

变速器的控制与发动机管理系统紧密相连。发动机管理系统的故障可能影响变速器控制系统。在维修变速器前，应先确保故障不是由发动机管理系统导致的或者是其他非变速器部件故障导致的。

当故障指示灯闪烁时，说明变速器电子控制系统有故障，可用福特专用 ECU 按照故障诊断软件使用说明书提取故障码、读取数据流。

二、电子控制系统的匹配和自适应学习

当更换了电子控制系统部件后，需要对双离合器进行匹配学习让 ECU 记忆新的部件，以便协同工作。

1. TCM 编程

更换新的 TCM 后，TCM 必须利用福特专用诊断仪（IDS）进行编程。

说明：TCM 成功编程后，必须进行档位传感器、离合器和换档系统的学习。

2. 档位传感器的学习

安装了新的档位传感器或者 TCM 模块后，档位传感器需要进行学习。在这个过程中，TCM 保存传感器在各个档位下的数字信号（PWM）。

3. 离合器系统学习

在下列情况下需要执行这个功能：

1）安装了新的双离合器。

2）安装了用于驱动电动机械式杠杆执行器的电动机。

3）安装了新的 TCM 模块。

在这个过程中，TCM 学习离合器的相关位置和离合器在分离时的初始位置。

4. 换档系统学习

如果安装了新的 TCM 模块，换档系统需要学习。在这个学习过程中，用于驱动换档鼓的相关电动机会被通电，电动机会驱动换档鼓转过整个旋转角度范围。在换档鼓旋转的过程中，系统会监测换档鼓在旋转时是否有阻碍、在各个档位时换档鼓旋转的角度是否被正确学习。在学习过程中如果 TCM 发现任何错误则学习失败。这个故障可能是由于磨损而导致机械阻塞造成的，也可能是由于电路故障造成的。

5. 转速传感器检测（在某些 IDS 版本里可能无此项功能）

输入轴转速传感器和输出轴转速传感器都要在诊断过程中被测试。在诊断过程中，为了测试两个输入轴转速传感器，两个离合器都要接合和分离，并且这两个转速传感器的信号要与发动机转速进行对比。

当车辆起步后，输出轴转速传感器 OSS 被测试。来自输出轴转速传感器的信号与计算的值对比。计算值是通过发动机转速、变速器的传动比和离合器的滑移率来计算的。

6. 最后检测

为了避免在换档时出现潜在错误，同时保证正常的驾驶特性，在学习完成后，需要进行以下操作：

（1）在车辆静止时学习变速杆的位置

1）踩下制动踏板。

2）将变速杆移到 D 位并保持至少 15s。

3）将变速杆移到 R 位并保持至少 2s。

4）重复这项操作 10 次。

（2）在车辆行驶时学习升档和降档

1）将变速杆置于 D 位，在节气门开度很小的情况下将车辆缓慢加速到 25km/h 以上。

2）轻踩制动踏板让车辆停下来（从踩制动踏板到车辆停下来的过程至少保持在 6s 以上）。

重复以上步骤 5 次。

3）将车辆加速到 80~105km/h，在这个过程中变速器应该升到 6 档。节气门应该开启到一个适当的开度，保证发动的转速低于 3000r/min。驾驶车辆处于这个阶段至少 2min。重复这个过程两次。

三、电控零部件故障排查

电子控制系统零部件在该变速器中主要有输入元件、输出元件和电子控制单元（TCM），这些部件的结构和工作原理在单元一中有讲解，它的检查方法详见单元一任务三的活动一。

 ## 客户委托和工作页

本任务主要介绍了双离合变速器的基本故障诊断，学生在实际故障诊断中应该结合具体车型的维修手册进行诊断。

教师提供一辆装有 CVT 的汽车，学生按照以下程序完成测试。

1）查询、研究维修手册和诊断流程。

2）在鉴定教师监督下对变速器进行基本检查、故障码读取、机械与液压性能测试，按照要求自己演示诊断程序。鉴定教师会提出口头问题，以确定学生对测试系统性能的基础知识掌握。

3）学生必须填写故障诊断报告，对变速器的状况进行判断评估。

4）当学生完成任务并达到能力标准时，鉴定教师会同意学生进入下一个任务学习。

1. 客户委托案例（见表3-4）。

表3-4 客户委托案例

故障案例名称	故障现象
案例一 故障指示灯时常亮并闪烁	湿式控制的 DQ250(02E)变速器，故障指示灯时常亮并闪烁，同时变速器只能处于一个固定的低速档位，而不能自动换档
案例二 在起步、停车及换档过程中存在非常明显的顿挫感	本田飞度轿车，起动发动机后将变速杆置于 D、S 和 L 位不动，仪表指示灯有的亮有的不亮
案例三 换档时顿挫感及制动感特别明显	一辆搭载干式双离合器 DQ200 轿车在换档时顿挫感及制动感特别明显

2. 询问客户故障信息。

选择 1~2 个案例，按照表3-5 中的步骤对报修的客户进行询问并将结果记录在表中。

表3-5 客户故障信息询问表

顾客姓名：	车型及年代：		车辆识别码：
自动变速器型号：	发动机型号：		里程：
事故日期：	制造日期：		检修日期：
事故出现次数	□ 连续　□ 间断　　（一天的次数　　　　　）		
客户报修检查	车辆不能动（□任何位置　□ 特殊位置）		
	□ 不能向上换档（□ 1档→2档　□ 2档→3档　□ 3档→O/D档）		
	□ 不能向下换档（□ O/D档→3档　□ 3档→2档　□ 2档→1档）		
	□ 锁止故障		
	□ 换档点太高或太低		
	□ 换档振动或滑动（□ N→D　□ 锁定　□ 任何传动位置）		
	□ 噪声或振动		
	□ 无降档		
	□ 无档位模式选择		
	□ 其他		
指示灯	□ 亮		□ 不亮

3. 车辆性能基本检查与调整，将结果填入表3-6 中。

表3-6 车辆性能基本检查记录表

自动变速器基本检查和调整报告			
检查部位	正常	不正常	情况说明
蓄电池电压/V			
导线和接线桩			
发动机怠速/(r/min)			
自动变速器油液位			
自动变速器油油质			
变速杆指示灯			
空档起动开关			
冷却系统的冷却液			
变速器挂入各档位状况			

4. 提取故障码、读取数据流。

按照维修手册的规定，读取故障码和数据流，分析故障原因，将相关信息记录在表3-7中。

表3-7 故障码及故障原因分析表

数据记录	
读取故障码的方法	
□ 故障指示灯 □ 驱动方式指示灯 □ 故障诊断仪	
读取故障码具体步骤	

将读到的故障码填写在下面,写出显示的所有系统故障

故障码数字（显示顺序）	故障码说明

5. 用专用诊断仪器对电子控制系统进行匹配学习，将结果填入表3-8中。

表 3-8　电子控制系统进行匹配学习记录表

情况说明	匹配和自适应学习步骤
更换新的 TCM 后对 TCM 进行编程	
档位传感器的学习	
离合器系统的学习	
换档系统的学习	
静止行驶的时候对变速杆的位置进行学习	
行驶的时候对变速杆的位置进行学习	

6. 7S 作业：作业完成后整理工具，清洁车辆、工具，将结果填入表 3-9 中。

表 3-9　7S 作业检查表

作业项目	是否完成	
整理、清洁工具	是□	否□
清洁车辆	是□	否□
清洁工作台、工作车	是□	否□
清洁地面	是□	否□
工具、车辆归位	是□	否□

单元学习鉴定检查单

是否在教师的帮助下成功地完成了各任务学习目标所设计学习活动？	
	肯定回答
专业能力	
知道双离合变速器机械零件与工作过程	
知道双离合变速器电子控制元件及工作过程	
识别双离合变速器机械零件和电子控制元件	
能拆卸双离合变速器	
能进行双离合变速器零部件的清洗、检修	
能双离合变速器装配、复位和调试	
能更换检查双离合变速器油液	
能诊断双离合变速器电控系统的故障	
能进行双离合变速器的匹配和自适应检查	
关键能力	

（续）

	肯定回答
根据已有的学习步骤、标准完成资料的收集、分析、组织	
通过标准,有效和正确地进行交流	
按计划有组织地活动,朝学习目标努力	
利用学习资源完成学习目标?	
自觉遵守维修技术标准和安全操作规范,自觉运用安全工作条例开展维修工作	

完成情况

　　所有上述表格必须是肯定回答。如果不是,应咨询教师是否需要增加学习活动,以达到要求的技能

　　教师签字＿＿＿＿＿＿＿＿＿＿＿＿＿＿＿

　　学生签字＿＿＿＿＿＿＿＿＿＿＿＿＿＿＿

　　完成时间和日期＿＿＿＿＿＿＿＿＿＿＿＿＿

参 考 文 献

[1] 赵计平，刘渝，李雷. 汽车维修技术人员培训能力标准［M］. 重庆：重庆大学出版社，2006.

[2] 冯永亮，徐家顺. 汽车自动变速器检修一体化项目教程［M］. 上海：上海交通大学出版社，2012.

[3] 薛庆文，闫冬梅. 汽车自动变速器原理与检修教程［M］. 北京：机械工业出版社，2012.

[4] 赵计平. 自动变速器维护与维修［M］. 2版. 北京：机械工业出版社，2016.

[5] 田晋跃. 车辆自动变速器构造原理与设计方法［M］. 2版. 北京：北京大学出版社，2019.

[6] 王军，冯茹，李伟. 汽车自动变速器结构·原理·维修［M］. 北京：化学工业出版社，2020.